_______________ 드림

교실 밖의
경제학

교실 밖의 경제학

초판 1쇄 인쇄 2009년 12월 30일
초판 1쇄 발행 2010년 1월 18일

지은이 | 최남수
펴낸이 | 전익균

이사 | 송영욱
편집장 | 김남희
편집, 기획 | 김미화, 이미순
디자인 | 이호영
마케팅 | 오정민, 허윤영
경영지원 | 최예란

찍은곳 | 예림인쇄
출력 | 한국커뮤니케이션
제본 | 바다제책

펴낸곳 | (주)새빛에듀넷
주소 | 서울 강남구 역삼동 723-28 영빌딩 1, 2층
전화 | 02-3442-4393~4 팩스 | 02-3442-6771
e-mail | svinvest@hanmail.net 홈페이지 | www.assetclass.co.kr
등록번호 | 제16-4043호 등록일자 | 2006. 11. 28

값 12,000원

ISBN 978-89-92873-57-4 (03320)

세상이 보이는 경제 이야기

교실 밖의 경제학

| 최남수 지음 |

도서출판 새빛
SAEVIT

추천사

2008년 미국의 월스트리트에서 발화된 금융위기로 세계 경제가 격동의 시기를 겪고 있습니다. 주요국 정부와 중앙은행의 노력 덕분에 경기침체가 심화되는 것은 막을 수 있었지만, 아직도 다양한 위험 요인들이 잠재되어 있습니다. 위기의 진원지였던 부동산 시장에서는 모기지 연체율이 높은 수준을 지속하고 있으며, 상업용 부동산 대출의 부실 확대 등 불안 요인들도 여전합니다. 또한 실물경제의 회복 조짐에도 불구하고 많은 나라들이 높은 실업률과 고용 부진으로 어려움을 겪고 있으며, 일부는 재정 위기에 직면하고 있습니다.

이번 위기는 그 폭과 깊이에서 예전의 위기와 질적으로 다르며, 파급 영향도 매우 클 것으로 생각됩니다. 지난 10여 년간 저금리와 풍부한 유동성에 힘입어 지속되었던 세계 경제의 고성장 시대가 마무리되고, 상당 기간 저성장 국면이 이어질 수 있다는 전망이 나오고 있습니다. 미국의 과잉소비와 경상수지 적자를 배경으로 했던 글로벌 불균형의 조정으로 인해, 수출 주도적 성장을 추구했던 신흥국들의 성장전략도 수정이 불가피합니다.

또한 위기의 주역으로 지목된 금융산업에 대한 규제가 강화되면서 민간 자율과 시장주의의 신화가 붕괴되고 있으며, 정부 역할이 더욱 강화될 것으로 보입니다. 이러한 경제 패러다임의 전환에 직면하여, 정부와 기업뿐만 아니라 국민들 모두 변화에 적응하려는 노력이 절실한 시기입니다.

이런 상황에서 MTN의 최남수 본부장이 출간한 『교실 밖의 경제학』은 국내외 경제를 현장에서 관찰해온 언론인의 현실 감각과 방향 제시가 균형감 있게 녹아 있습니다. 실물을 지원하는 본래적 기능에서 크게 벗어난 금융이 과도한 자체 발전 논리를 갖는 것을 경계하고, 경제 구성원들이 행복해지는 경제 시스템을 만들자는 저자의 주장은 우리 경제가 나아가야 할 방향을 잘 제시해주고 있습니다.

제가 재정경제부 근무 시절부터 지켜본 최남수 본부장은 국내외 경제 현안에 대해 끊임없이 고민하고 나름대로의 관점에서 신선한 문제 제기를 해온 언론인입니다. 현실에 밀착된 시각에서 최근 경제환경의 변화를 이해하고자 하는 독자들에게 『교실 밖의 경제학』이 많은 도움이 될 것으로 확신합니다.

2009년 12월

농협경제연구소 대표이사

김석동

머리말

미국을 발화점으로 해서 세계 경제로 번진 최근의 금융위기. 그 뿌리에서 우리는 인간의 지나친 욕심과 탐욕을 보았습니다. 가진 것에 감사하며 자족할 줄 모르고 남보다 더 멀리 가려 하고 더 높이 오르려 하는 갈구는 경제가 앞으로 나아가게 하는 불쏘시개는 되지만, 이것이 브레이크 없이 방치되면 우리 삶에 재앙을 가져온다는 교훈 또한 얻었습니다.

왜 이런 위기가 되풀이될까요? 우리가 너무 직선적인 삶에 매달리기 때문이 아닐까요? 이 책에도 담았지만 우리는 직선 위에서 좌표를 더 먼 곳으로, 더 높은 곳으로 옮기려 평생을 질주합니다. 그리고 거리와 높이로 인생의 행복을 측정하는 일차원적 삶을 살고 있습니다. 주류 경제학이 가르쳐온 것도 여기에서 크게 벗어나지 않습니다. 개인은 만족을 극대화하고 기업은 이윤을 극대화하자는 것도 따지고 보면 직선적 사고의 연장선상에 있는 것이라고 할 수 있습니다. 직선에서만 경주를 해대니 서로 부딪치고 낙마하고 좌절하는 것입니다.

주위를 둘러보고 하늘을 보기도 하면서 넓이와 높이를 만들면 인생에 부피가 생기게 됩니다. 그곳에 채워지는 풍성한 행복의 저수량을 우리는 잊은 것 같습니다.

IT기술이 발전해 이제는 이동 중에도 인터넷에 연결되고 TV도 시청할 수 있는 세상이 되었습니다. 경제 수준이 나아져 자가용은 더 이상 사치품 축에 끼지도 못하고, 먹고 입는 것에 대한 걱정은 사라진 지 오래입니다. 그래서 우리는 문명의 이기가 덜했던 과거보다 더 행복할까요? 답은 그리 긍정적이지 않습니다. 온갖 스트레스에 자살과 우울증 환자가 많은 것만 봐도 우리가 그다지 즐겁지 않은 삶을 살고 있음을 알 수 있습니다.

제가 자랄 때만 해도 동네에 이름난 부잣집과 만화방에만 TV가 있었습니다. 호쾌한 박치기의 대가인 김일 선수가 나오는 프로 레슬링 경기가 중계 방송되는 날이면, 부잣집 앞마당은 동네사람들로 발 디딜 틈도 없었습니다. 프로그램 한 편당 입장료를 받고 TV 시청 기회를 준 만화방은 대박 터지는 날이었습니다. 지금 기준으로 보면 모든 게 불편한 때인데 사람들은 불행해하지 않았습니다. 자그마한 변화에 행복해하고 웃고 박수를 쳤습니다.

무엇이 진실일까요? 미국 최고의 부자와 아프리카 목동이 느끼는 만족도가 유사하다는 조사결과는 무엇을 말하는 것일까요? 많이 갖겠다는 직선적 사고만으로는 우리는 행복해지기 어렵습니다.

저는 이런 생각과 관점으로 경제와 기업 활동을 보았습니다. 국민이 행복하지 않은 경제, 직원이 행복해하지 않는 기업이라면 앞뒤가 바뀌어도 한참 뒤바뀐 것입니다. 그래서 이제는 질은 무시한 채 양만 따지는 국내총생산 GDP 같은 지표 대신 복지나 행복의 수준을 측정하는 지표를 만들어야 한다는 주장이 설득력 있게 제기되고 있습니다. 저는 우리 삶과 경제의 여러 현장에서 행복한 경제와 행복한 기업이 자리를 잡길 원하는 마음으로 이 책을 썼습니다. 세상이 보이고 사람 냄새가 나는 경제 이야기를 담고자 했습니다.

저는 경제와 경영은 '우리'의 회복이 지향해 나가야 길이라고 생각합니다. '나'의 'ㅏ'처럼 남을 밀어내지 않고 '너'의 'ㅓ'처럼 남을 밀어내지 않으면서 '우리'의 'ㅜ'처럼 서로 어깨동무한 협력과 상생의 물꼬를 열어가는 게 중요한 과제인 것이지요.

또한 이 책은 전문가만의 영역으로 여겨지는 경제의 세계를 눈높이를 낮춰 쉽게 풀려 노력했습니다. 경제는 학문의 영역에서는 복잡한 수식으로 표현되는 극도의 추상성을 가지고 있습니다. 하지만 경제는 다름 아닌 나와 우리 곁에서 살아 숨쉬며 살아가는 이웃의 이야기이며, 그 선택의 순간들이 그려내는 한 폭의 그림입니다. 복잡다단하기보다는 쉬운 언어로 소통될 수 있고, 또 그래야 합니다.

이런 이야기가 있지요. 알렉산더 대왕이 고리디온이라는 마을에 들어갔습니다. 이 마을에는 신전에 묶인 매듭을 풀면 아시아를 지배할 수 있다는 전설이 있었습니다. 많은 사람이 매듭을 풀어보려 했지만 실패했습니다. 알렉산더 대왕도 무척 애를 썼지만 결국은 칼로 매듭을 잘라버리는 결단을 하게 됩니다. '역발상의 성공'이지요. 이 책 역시 복잡하게 얽

히고 꼬여 해답이 좀처럼 보이지 않을 것 같은 경제 문제를 '고르디온'의 매듭을 풀 듯 현실의 언어로 다루고자 했습니다.

이 책은 머니투데이 MTN에서 방송된 〈세상 그리고 우리는〉의 원고를 일부 수정하고, 새로운 주제의 글을 추가한 것입니다. 필자로서는 처음 내는 책이어서 많이 부족하고 생각이 짧은 점이 마음에 걸립니다. 하지만 20년이 넘는 기자생활의 경험이 녹아 있는 글이라 생각하시고 관대하게 읽어주시면 감사하겠습니다.

세상에서 상처받고 실수하고 믿음직스럽지 못하게 살아가는 저에게 날마다 피할 길을 열어주시며 인도해주시는 하나님께 감사의 기도를 올립니다. 지금은 하늘에서 쉬고 계신 아버님께 이 책을 드립니다. 시골에 계신 어머님과 사랑하는 가족(처 류란지, 아들 성식, 성경)도 이 책의 주인공입니다.

이 책이 나오기 까지 후원과 격려를 아끼지 않아주신 홍선근 머니투

데이방송 대표이사, 김태희 PD, 구광모 PD, 전수미 작가에게 감사드립니다. 부족한 내용이지만 출간에 흔쾌하게 동의해주신 전익균 새빛에듀넷 대표와 출판에 힘써주신 출판사 여러분께도 심심한 감사의 말씀을 드립니다.

2009년 12월

최남수

CONTENTS

1

경제의 비밀, 모르면 독이다

'기업가 정신'을 깨워라

1983년 2월 8일, 지금은 고인이 된 이병철 삼성그룹 회장은 반도체 사업에 본격적으로 진출하겠다는 이른바 '도쿄 선언'을 합니다. 도쿄 선언을 하기 1년 전, 미국 IBM을 둘러본 이병철 회장은 반도체가 없다면 우리나라가 미국과 일본에 예속될 것이라는 판단을 했고, 결국 통 큰 승부수를 던진 것입니다. 이렇게 세상을 바꾼 성공의 뒷이야기를 살펴보면 언제나 운명의 선택을 해야 했던 사람들과 그들의 도전이 숨어 있습니다.

반도체라면 미국과 일본이 한참 앞서가고 있는 상황에서 나온 삼성의 결정에 대해 당시 주위에서는 냉소적 반응이 대부분이었고, 심지어 반도체 망국론까지 제기되기도 했습니다. 하지만 결과는 어떻습니까? 한국의 반도체 산업은 세계 시장을 주름잡고 있으며 경제성장의 견인차 역할을 하고 있습니다. 모두가 no!!라고 할 때 yes!!라고 밀어붙인 도전 정신, 위험을 무릅쓴 기업가 정신이 없었다면 불가능한 일이었습니다.

현대그룹을 일군 고 정주영 회장은 어떻습니까? 잘 알려진 이야기지만 조선업 진출 당시 500원 권에 그려진 거북선을 보여주며 버클레이 은행의 차관을 따냈고, 황량한 조선소 부지 사진 하나만 달랑 가지고 가 그리스의 거물 해운업자로부터 배 두 척을 수주해냈습니다. '시련은 있어도 실패는 없다' 는 정 회장의 신념이 그대로 녹아든 사례입니다. 사상 초유의 금융위기, 경제위기를 지나고 있는 요즘 우리에게는 이런 기업가 정신이 아쉽습니다.

기업이 여유 자금을 쌓아두고도 투자를 안 한다고 말이 많습니다. 우리 경제성장의 약 3분의 1을 책임지고 있는 투자가 부진하다 보니 일자리는 줄고, 경제 전반에는 찬바람이 불고 있습니다. 그런데 왜 기업들이 투자를 안 하는 걸까요? 이론적으로 기업들은 어떤 사업을 해서 얻게 될 수익이 이자보다 클 때 투자를 합니다. 한마디로 남는 장사가 돼야 한다는 것이지요. 따라서 기업들이 투자에 소극적이라는 것은 수지가 맞을 것으로 예상되는 사업이 거의 없다는 것입니다. 그런데 여기에서 문제는 이 수익 예상이 다분히 주관적이라는 데 있습니다.

사실 미래는 불확실합니다. 어느 정도 자리를 잡은 기업이라면 무리해 투자를 할 필요가 없을 수도 있습니다. 웬만큼 고수익의 확신이 서지 않는다면 선뜻 투자를 결정하기 어려운 것이 현실입니다. 하지만 기업가 정신이 살아 있는 기업은 다릅니다. 불확실한 미래를 오히려 기회로 보고 한판 승부를 걸 줄 압니다. 앞에서 이야기한 반도체나 조선 사업의 성장 역시 이런 불굴의 기업가 정신이 없었다면 불가능했을 것입니다.

요즘 우리 기업들을 보면, 빚 부담에 눌려 재무적 위기를 겪었던 1997년의 외환위기의 여파로 모험보다는 안전 위주의 수세적 경영이 주류를 이루고 있지 않나 하는 우려가 됩니다. 20~30년을 내다보는 과감한 투자보다는 가진 것 지키면서 주주에게나 잘 보이고, 상황이 어려워지면 구조조정에 나서는 식의 위험 회피형 경영의 함정에 빠져 있지 않나 하는 것입니다.

실제로 외환위기 이후 주요 그룹의 살림을 들여다보면 말 그대로 일을 벌이는 기획 라인은 퇴조하고 현상 위주의 보수적 재무 라인이 의사결정 라인을 장악하고 있습니다. 과도한 위기관리 형태로 조직이 바뀐 것이지요. 이런 풍토 아래에서는 위험을 돌파해가며 새로운 사업을 일구는 기획형 기업가 정신이 뿌리를 내리기 어렵습니다.

이웃 나라 일본의 일본전산이라는 기업의 이야기입니다. 일본전산은 1973년 문을 열자마자 1차 오일쇼크로 인한 장기불황에 직면합니다. 참 운도 없는 기업이지요. 그러나 '불황은 핑계일 뿐 이런 때일수록 투자를 지속해나간다' 는 공세적 전략을 펼쳐 초정밀 모터, 하드디스크용 모터,

자동차용 모터 등 손대는 분야마다 세계 1위에 올랐습니다. 말 그대로 위기를 기회로 활용한 것입니다.

유명한 경영학자 짐 콜린스가 꼽은 성공하는 기업들의 여덟 가지 습관 중 하나는 바로 '크고 위험하고 대담한 목표'를 세우는 것입니다. 대표적인 예는 군용 비행기를 주로 제작해온 미국 보잉사가 경험이 없던 상용 비행기 시장에 뛰어들기로 결정한 것입니다. 회사를 도산의 길로 몰고 갈 수도 있는 위험한 결정이었지만, 이를 계기로 보잉은 오히려 도약의 기회를 잡게 됩니다.

위기 속에서 남다른 도전 정신으로 새로운 도약의 기회를 모색했던 기업들. 우리가 지금은 고인이 된 이들의 이야기에 귀를 기울이는 것은 바로 이런 개척자 정신이 미래의 꿈을 실현하는 가장 큰 무기가 되기 때문입니다. 우리 기업도 이제 마냥 제자리에 앉아서 상황이 호전되기를 기다리기보다 공세적 투자를 통해 스스로 미래를 만들어가는 기업가적 야성을 회복해야 하겠습니다. 투자도 늘리고 유능한 인재도 채용하고 마케팅도 해야 미래가 열립니다.

안철수와 금난새

가만히 앉아서 좋은 상황이 오기만을 기다리기보다는 장애물을 오히려 도전의 기회로 여기고 새로운 미래를 개척해온 사람들. 온갖 어려움에도 무릎 꿇지 않고 이상을, 꿈을 현실로 만들어낸 이상주의자들. 우리는 그들을 성공 기업인이라고 부르며, 그들에게서 강인한 기업가 정신을 봅니다.

의사를 거쳐 한국 벤처의 성공신화를 이루고 지금은 KAIST에서 후학을 양성하고 있는 안철수 교수, 그리고 대한민국 최초로 벤처형 오케스트라를 만들어 음악 대중화를 선도해온 '음악 CEO' 금난새 지휘자, 이 두 분이 바로 이 같은 기업가 정신을 보여주고 있는 대표적인 사례입니다. 필자는 머니투데이방송 MTN의 주간 프로그램 〈더 리더(The Leader)〉의 방송을 위해 2009년 11월, 이 두 분을 각각 만나뵐 기회가 있었습니다.

두 분과의 대담은 방송을 위한 것이었지만 저에게는 참으로 달콤한 경험이었습니다. 두 분 모두 자기 분야에서 대가의 반열에 올라섰지만 무척 맑고 순수한 영혼의 소유자였습니다. 또한 한편으로는 목표를 세운 다음에는 그 좌표를 향해 달려가는 강인한 의지와 내공을 가진 분이었습니다. '저 분이 그 유명한 안철수가 맞나' 싶을 정도로 동안의 얼굴에 겸손함이 몸에 배인 안철수 교수. 또한 금난새 지휘자는 클래식을 '그들만의 리그'에서 많은 사람이 즐기는 '대중용품'으로 만들기 위해 음악의 형식과 장소를 파괴하는 데 주저함이 없었습니다. 그는 음악의 대중화에 관한 이야기만 나오면 열정적인 선구자의 눈빛으로 변했습니다. '사람에게서 나는 향기란 이런 것이구나' 하는 생각이 절로 들었습니다.

안철수 교수와 금난새 지휘자, 이 두 분은 편안한 자리를 박차고 벌판으로 나가 사업을 성공시킨 대표적인 벤처기업인들입니다. 장래가 보장된 의사 자리를 그만두고 벤처기업인 컴퓨터 바이러스 연구소를 세운 안철수 교수. KBS교향악단장 자리에 만족하기보다는 중소도시인 수원시에서 운영하는 수원시향을 맡는 결단을 내리고, 이후 우리나라 최초의 벤처 오케스트라인 유라시안 필하모닉 오케스트라를 창단해 본격적으로 '음악 비즈니스'의 새 영역을 개척한 금난새 지휘자. 기업가 정신의 실종을 우려하는 목소리가 높은 요즘 이 두 분은 열정과 도전 정신을 가진 기업가로서 좋은 모범을 보여주고 있습니다.

안철수 교수와 금난새 지휘자는 사업과 삶 모두 파격적이고 도전적입니다. 1997년 6월, 미국의 바이러스 백신 제조업체인 맥아피는 안철수 교수를 실리콘 밸리에 있는 본사로 초대합니다. 맥아피의 빌 라슨 회장은 안철수연구소를 인수하겠다며 1,000만 달러를 제시했습니다. 안철수 교수는 말합니다. "나는 일말의 갈등도 없이 그 제의를 거절했다. 아무리 높은 금액이라도 국내 소프트웨어 산업 보호와 직원들에 대한 책임감 앞에서는 나에게 수용 조건이 되지 못했다." 평생을 돈 걱정 없이 살 수 있는 일확천금의 기회를 국가와 직원에 대한 책임감 때문에 거절한, 그야말로 용기있는 결정을 한 것입니다. 이익을 추구하는 기업가이면서도 공익성을 조화시키는 그의 생각은 백신을 무료 배포한 초기 단계에서 싹튼 것인지도 모릅니다.

금난새 지휘자는 어떻습니까? 1977년 최고 명성의 카라얀 콩쿨에서 입상했지만 해외에서의 음악 활동을 과감히 접고 국내로 들어왔습니다. 이 같은 그의 도전 정신은 그 후에도 계속돼 앞에서 말씀드린 대로 KBS 교향악단에서 수원시향으로, 그리고 다시 자신이 직접 만든 벤처 오케스트라로 이어집니다. 화려함 대신 개척자적 삶을 선택한 것이지요.

안철수 교수와 금난새 지휘자 두 분은 각각 의학박사와 음악인으로서 경영과는 거리가 먼 사람들이었습니다. 하지만 CEO로서 결단력과 비전을 보여준 진정한 리더입니다. 안철수 교수는 매달 월급 줄 걱정을 해야 하는 암흑 같은 4년을 버텨낸 다음 마침내 단단한 사업 기반을 구축하고 인재 중심, 느려도 건강한 조직이라는 철학의 기업문화를 뿌리내리게 한 CEO입니다.

금난새 지휘자도 온실 속의 음악인이 아닙니다. 매출을 올리기 위해 창의적인 공연 아이디어를 기획한 다음 이를 팔기 위해 현장을 누빕니다. 돈을 벌어서 먹고살고 기업을 확장시키는 재미를 톡톡히 느끼고 있습니다. 오케스트라 단원을 뽑아 조직도 관리하고 그들의 사기에도 신경을 씁니다. 고객이 원하는 상품은 무엇이든 내놓습니다. 울릉도에 가서 공연을 하고, 서울 창동에서는 천막 음악회를, 그리고 강남 지역에서는 포스코 본사 로비에서 연주회를 열기도 했습니다. 음악에 대한 재치 있는 설명을 곁들인 〈해설이 있는 청소년 음악회〉는 1994년부터 1999년까지 5년 동안 전회석 매진이라는 놀라운 기록을 세웠습니다. 음악인이 직접 상품 개발, 마케팅, 조직 관리 등 경영 전반을 관장하는 CEO로서의 새 비전을 보여주고 있는 것입니다.

안철수 교수와 금난새 지휘자, 두 사람에게서 우리 사회에서 사그러져가는 기업가 정신의 표본을 보는 것은 불확실한 미래나 어려움에 대한 이 두 사람의 전향적 자세가 남다르기 때문입니다. 안철수 교수는 말합니다. "나는 뒤돌아보고 후회하는 스타일이 아닙니다. 그러면 감정은 해결할 수 있지만 앞으로의 해결책은 되지 못합니다. 앞만 보면서 어떻게 하는 게 최선인지 생각합니다." 금난새 지휘자의 말도 비슷합니다. "어려움은 있었지만 저는 어려움이 있다는 데 감사했습니다. 사람들은 자신이 처한 어려운 상황을 고통으로 생각하곤 하지만, 저는 반대로 어려운 상황 때문에 도전할 수 있었습니다. 그 결과 오케스트라를 시작한 지 5년 만에 1년에 100회 이상 연주를 하는 오케스트라로 발전할 수 있었습니다."

어떤 어려움 앞에서도 무릎 꿇지 않고 도전 속에 자신을 담금질하고 사업을 도약시키는 발판으로 선용한 이 두 사람은 지금은 후학을 양성하는 데 자신의 온 경험과 힘을 쏟아붓고 있습니다. 제2의 안철수, 제2의 금난새가 여기저기서 나타날 때 한국 경제가 '풀뿌리 자본주의' 로서 튼튼히 뿌리를 내릴 수 있을 것입니다.

도요타와 노키아의 변신

원숭이 손이 겨우 들어갈 만한 크기의 병 안에 바나나를 넣어두면 어떤 일이 일어날까요? 결론은 원숭이가 병 안에 손을 집어넣고 바나나를 쥐었을 때 원숭이를 잡으면 쉽게 잡을 수 있습니다. 원숭이가 바나나를 놓고 병에서 손을 뺀 후 도망간다면 원숭이를 잡기가 훨씬 어려울 텐데 원숭이는 계속해서 병 안에 있는 바나나를 손에 쥔 채로 도망을 다니니 움직임이 느려져 쉽게 잡히는 것입니다.

이 이야기가 시사하는 바는 무엇일까요? 욕심이 지나치면 눈앞이 가려져 일을 그르치게 된다는 것입니다. 버려야 산다는 인생의 지혜를 가르쳐주고 있습니다. 이 교훈은 기업 경영에도 그대로 적용됩니다. 변화에 유연하게 적응하고 가진 것을 버린 기업이 성공한 사례가 많습니다.

일본의 대표적 자동차기업 도요타를 보시지요. 도요타는 1935년부터 자동차를 생산하기 시작했습니다. 하지만 그 전에는 전혀 다른 사업을 했습니다. 자동차와 전혀 무관한 방직, 방적업이 도요타의 전직입니다. 자동차에 대한 꿈을 불태워온 도요타 자동차의 창업자인 도요타 기이치로는 아버지가 발명한 자동직기 특허권을 10만 파운드에 영국 회사에 팔아버리고, 자동차 회사 창업에 올인합니다. 정말 쉽지 않은 결정이었겠지요. 잘나가던 방직, 방적 산업을 버리고 결과를 알 수 없는 자동차 산업에 운명을 건 것입니다. 하지만 도요타는 가진 것을 버리고 새 일에 뛰어든 기이치로의 도전으로 결국 세계적 기업의 반열에 오르게 되었습니다.

세계 1위의 휴대폰 업체인 노키아의 변신은 더 놀랍습니다. 노키아는 당초 핀란드의 풍부한 자원인 목재를 원료로 한 펄프제지 회사였습니다. 그러다가 주력 업종을 자전거, 자동차 타이어, 신발 제조, PC 제조로 잇따라 바꿔갑니다. 이 같은 변신의 마지막 결정판은 휴대폰 제조업으로의 진출이었습니다. 미래의 먹거리는 휴대폰에 있다는 판단으로 다시 큰 승부를 걸었고 이게 100% 적중한 것입니다. 노키아는 핀란드를 먹여 살리는 대표적인 세계기업으로 부상했습니다. 기존의 성취를 버리고 미래를 내다보는 통 큰 안목과 결정이 큰 성공을 가져온 것입니다.

지금까지 외국의 기업들을 예로 들었지만 우리나라에도 이 같은 도전적 선택을 해온 기업들이 있습니다. 큰 모험이었음에도 대규모 투자가 수반되는 반도체 산업 진출을 결정해 한국 경제를 이끌어가는 기둥 기업이 된 삼성그룹, 배 한 척 만들어본 경험 없이 용기 하나만으로 수주를 따내고 땅 파고 말뚝 박아 세계적 조선업체를 이룬 과거의 현대그룹. 대표적 구조조정 기업인 두산은 어떻습니까? 두산은 과거의 주력 산업이었던 주류사업을 팔아버리고 이제는 중공업을 주력으로 하는 기업으로 변신에 성공했습니다. 기존 사업 모델을 과감히 버리고 미래를 내다본 큰 승부가 성공을 거둔 사례들입니다

반대의 경우를 볼까요? 한때 맞춤형 PC 제조로 미국 시장을 주름잡았던 델 아시지요? 한때 잘나갔지만 기존 사업 모델에 안주해 이를 질질 끌고 가다가 휴렛패커드의 추격에 잡혀 그동안 극찬을 받아온 케빈 롤린스 대표가 중도하차하는 급전직하(急轉直下)의 상황에 빠집니다. 가진 것을 놓지 못하고 집착하다가 결국 화를 입은 경우입니다.

자신이 그동안 이룬 성과를 내려놓고 위험이 가득한 새로운 모험에 나서기란 결코 쉬운 일이 아닙니다. 하지만 알바트로스가 거센 바람을 맞아야 높이 오래 날듯이 위험과 도전에 위축되지 않고 이를 직시해야만 기업이나 개인 모두 성장해나갈 수 있습니다. 기존의 성과에 안주하는 자세는 백전백패(百戰百敗)라는 것이 역사가 주는 교훈입니다.

인생의 결과=사고방식×열의×능력

우리 모두는 행복을, 그리고 자신이 좋아하는 일에서의 성공을 원합니다. 이런 때 이미 앞서서 큰 성공을 이룬 사람들이 어떤 삶의 궤적을 그려왔고, 어떤 원칙과 철학을 가지고 살아왔는지를 알 수 있다면 훌륭한 인생의 등불이 되겠지요. 우리에게 모범이 될 만한 성공을 이룬 사람은 많지만, 그중에서도 일본의 가장 존경받는 경영인이고 살아 있는 '경영의 신' 으로 불리는 교세라 그룹의 이나모리 가즈오 명예회장을 소개해 드립니다.

국내에는 『카르마 경영』, 『소호카의 꿈』, 『아메바 경영』을 포함해 열 권이 넘는 이나모리 가즈오 회장의 저서들이 출간되어 있습니다. 사실 이나모리 회장은 우리나라와도 인연이 깊습니다. 바로 씨 없는 수박으로 유명한 우장춘 박사의 사위입니다.

그러면 이나모리 회장이 '경영의 신' 이라고 극찬을 받는 이유는 무엇일까요? 맨손으로 사업을 시작해 세계 최고의 기업을 일군 그의 전무후무한 경영성과가 첫째 이유입니다. 하지만 이에 못지않게 그의 경영철학도 보통의 기업인과는 판이합니다. 그는 이타심, 배려, 자비심과 같은 휴머니즘적 가치를 자신의 경영에 접목시켜 실행에 옮긴 철학적 기업인이라고 할 수 있습니다.

이나모리 회장이 걸어온 삶의 역정은 그야말로 한편의 인생 역전 드라마입니다. 중학교 입시 실패와 연이은 취직시험 낙방의 불운, 폐결핵에 걸리고 암으로 위의 3분 2를 잘라내는 시련과 좌절이 이어집니다. 이런 역경에도 굴하지 않고 그는 스물세 살, 불과 약관의 나이에 현재 교세라의 전신인 교토세라믹을 창업합니다. 세라믹을 소재로 한 전자부품 제조회사인 이 회사는 매출 1조 1천억 엔이 넘는 세계 초일류 기업으로 성장했습니다. 업종도 통신과 태양광 발전 등으로 다각화됐습니다.

이같이 불세출의 성공을 이룬 이나모리 회장이 교세라를 이끌어온 경영철학은 무엇일까요? 이나모리 회장은 저서 『카르마 경영』에서 성공을 위한 방정식을 제시합니다. '인생의 결과=사고방식×열의×능력' 이 바로 그 방정식입니다. 이 방정식에서 눈여겨볼 점은 덧셈의 식이 아니라 곱셈의 식이라는 점입니다. 아무리 능력이 뛰어나도 열의가 없으면 결과가 좋을 수 없다는 의미입니다. 특히 사고방식이 부정적일 경우, 인생의 결과는 마이너스가 된다는 경고를 담고 있습니다.

이나모리 회장은 저서 『소호카의 꿈』에서는 젊은이들에게 '인생은 자신이 그리는 대로 된다', '감사하는 마음을 잊지 않는다', '불운에 주저앉지 말라'는 메시지를 던집니다. 2005년에는 교세라 이사 직을 그만두면서 받은 퇴직금 6억 엔을 모두 대학에 기부했습니다. 그의 철학대로 배려와 이타의 미덕이 드러난 사례입니다.

이나모리 회장은 국내 한 언론(조선일보)과의 인터뷰에서 최근의 글로벌 경제위기와 관련해 의미심장한 말을 했습니다. "인간의 욕망이 지나쳐 썩은 자본주의(資本主義)를 자비가 근본이 되는 자본주의(慈本主義)가 구할 것이다", "경영의 바탕에는 거래처, 종업원, 고객 모두를 사랑해 모두가 잘돼야 한다는 자비의 마음이 깔려 있어야 한다"는 것입니다.

요즘 중도실용주의와 따뜻한 자본주의가 시대적 화두로 떠오르고 있습니다. 따뜻한 기업 경영을 하며 큰 성공을 이룬 이나모리 회장의 삶, 이웃나라 일본의 기업인이지만 우리도 눈여겨볼 필요가 있겠습니다.

디테일의 힘

요즘은 자주 눈에 띄지 않지만 얼마 전까지만 해도 고위 공직자나 정치인의 프로필을 보면 '두주불사(斗酒不辭)'라는 말이 칭찬처럼 쓰이곤 했습니다. 술잔을 마다하지 않는 기개, 호탕함, 대범함을 빗대어 표현한 것이지요. 이처럼 우리 의식세계에는 작은 것보다는 큰 것을 선호하고 더 높게 평가하는 경향이 자리 잡고 있습니다. 전략도 커야 하고 포부도 커야 하고 집도 차도 더 큰 게 좋다는 식이죠.

그런데 정작 기업의 큰 운명을 결정하는 것은 원대한 전략도 뜨거운 열정도 아닌 아주 사소한 결정이나 실수라는 내용이 담긴 책이 두 권 있어 소개합니다. 미국에서 출간된 『깨진 유리창 법칙』과 중국에서 나온 『디테일의 힘』이라는 책인데요. 두 책이 전하는 경영원리는 100에서 1을 빼면 99가 되는 게 아니라 0이 된다는 점을 강조하고 있습니다. 사소한 실수 하나가 기업 전체를 무너뜨린다는 말입니다.

먼저 미국 엔터테인먼트 사장인 마이클 레빈이 쓴 베스트셀러 『깨진 유리창 법칙』을 소개합니다. 저자는 고객이 겪은 단 한 번의 불쾌한 경험, 한 명의 불친절한 직원, 매장 벽의 벗겨진 페인트 칠 등 사소한 실수가 기업에 치명적인 결과를 가져온다고 주장합니다. 부정적 인식을 갖게 된 고객이 등을 돌리고 경쟁사로 가버리기 때문입니다.

성공에 취한 큰 기업들이 종종 이런 실수를 저지릅니다. 1980년대와 1990년대에 미국 소매업계를 석권하다시피 했던 K마트는 고객 서비스를 소홀히 하다 결국 내리막길을 걷습니다. 창립 40주년을 맞은 2002년, K마트는 비극적인 법정관리의 길에 들어섭니다. 경쟁사인 월마트가 출현해 쇼핑하기 편한 위치에 매장을 두고 값싼 제품으로 소비자들의 눈길을 끌고 있는 상황임에도, K마트는 싸구려 매장이라는 이미지를 벗겠다며 할인제도를 없애는 실수를 연달아 범하며 고객의 외면을 받게 된 것입니다.

같은 사례는 항공 산업에서도 있었습니다. 지난 2000년 문을 연 제트블루는 고객의 소리에 적극적으로 귀를 기울입니다. 고객이 기내식보다는 승무원의 친절을 더 중시한다는 점에 착안해 기내식 등 서비스를 최소화해 항공료를 크게 낮추고, 대신 승무원 친절 교육을 강화해 시장 점유율을 높여나갔습니다. 반면 유나이티드 에어라인 등 기존 대형 항공사는 가격도 비싸고 승무원도 불친절한 데 대한 고객의 불만을 외면해 쇠락의 길을 걷게 됩니다.

중국의 기업 컨설턴트 왕중추는 저서 『디테일의 힘』에서 '1%의 실수가 100%의 실패를 부른다', 즉 제 아무리 큰일도 디테일에서 시작된다는 점을 강조합니다. 왕중추가 든 대표적 사례는 지난 1995년 문을 닫고 역사의 뒤안길로 사라진 영국계 은행 베어링스입니다. 이 은행은 직원 닉 리슨이 파생상품 등 거래에서 많은 이익을 올리자 리슨을 너무 신임한 나머지 반드시 분리해야 할 거래와 결산 업무를 함께 맡기는 실수를 저지릅니다. 리슨은 이 때문에 눈덩이처럼 불어나는 손실을 감출 수 있었고, 베어링스가 이를 알게 된 때는 이미 돌이킬 수 없는 지경이 된 후였습니다. 감독 소홀이 부른 재앙이지요.

작은 것을 중시해 성공한 사례도 있습니다. 미국 백화점 노드스트롬은 탈의실에서 옷을 입어보는 고객에게 음식을 접대하거나, 추운 날씨에는 미리 고객을 위해 차를 덥혀놓는 등 고객 감동 서비스를 제공해 일류 백화점으로 발돋움하게 됩니다.

미국에서는 해마다 500만 개의 기업이 새로 문을 여는데 10년 후까지 살아남는 기업은 그중 4%에 불과하다고 합니다. 그만큼 지속적으로 고객의 선택을 받는 일은 어렵습니다. 특히 사소한 실수로 고객의 불만을 사고 이를 외면하는 행위는 스스로 파국을 자초하는 지름길이라는 것이 두 권의 책이 주는 교훈입니다.

잘나가는 소수를 견제하라

2008년 9월, 생각할 수도 없었던 일이 미국에서 일어납니다. 세계 최대의 보험회사인 AIG가 서브프라임 모기지의 부실화로 인한 대규모 손실로 휘청거리다 미 정부로부터 850억 달러의 구제 금융을 제공받습니다. 대신 미 정부가 AIG 지분 80%를 확보해 이 회사는 국유화됩니다.

거함 AIG를 침몰시킨 주역은 누구였을까요? 아이러니하게도 한때 이 회사에 엄청난 수익을 올려주던 사람들이었습니다. 런던에 위치한 금융상품사무소로, 100여 명 남짓한 직원들이 일하고 있던 이곳은 AIG에게는 신데렐라 같은 존재였습니다. 이들은 서브프라임 모기지를 비롯한 다양한 채권을 한데 묶어 부채담보부증권(CDO)이라는 새로운 히트 상품을 만들어냈습니다. 또한 이들은 기세를 이어가 부채담보부증권 안에 편입된 채권이 부도가 날 경우, AIG가 돈을 대신 갚아주는 조건의 신종

보험상품인 신용부도스왑(CDS)을 만들어냈습니다. 돈을 대신 갚아주어야 할 가능성이 적다고 본 것입니다.

연달아 빅 히트상품을 내놓은 결과, AIG 런던 금융상품사무소의 매출액은 불과 5년 만에 약 7억 4천만 달러에서 30억 달러로 껑충 뛰었습니다. 이 30억 달러는 회사 전체 수익의 17.5%를 차지했으니 100여 명의 런던 전사들에게 쏟아졌을 찬사는 충분히 짐작이 됩니다.

그러나 상황은 어이없게 반전됩니다. 부채담보부증권 안에 편입된 서브프라임 모기지 채권 등이 연이어 부도가 나면서 AIG가 대신 갚아줘야 할 돈이 눈덩이처럼 불어납니다. 이 때문에 순식간에 250억 달러의 손실이 발생합니다. 그동안 벌어들인 돈보다 훨씬 많은 손실이 나 회사 전체가 걷잡을 수 없는 위기로 치닫게 된 것입니다. 불과 100여 명의 런던 금융상품사무소 직원들이 전 세계적으로 12만 명이 일하는 AIG의 운명을 비극으로 몰고 간 것입니다.

누구의 잘못입니까? 표면상으로는 금융상품사무소의 실책으로 볼 일이지요. 하지만 더 깊게 들여다보면 회사 측의 책임이 큽니다. 우수한 성과를 낸 금융상품 개발 직원들을 과신한 나머지 신상품인 신용부도스왑이 가져올 수 있는 치명적 위험에 대해 회사 경영진이 무지했고, 결국은 재앙을 가져온 것입니다.

영국 기업 역사상 최악의 손실을 기록하며 몰락의 길에 들어섰던 스코틀랜드 왕립은행 RBS는 어떻습니까? 2007년에 어렵게 인수한 투자은행 ABN-AMRO가 부실 덩어리인 것으로 밝혀진 데다 서브프라임 투자 손실마저 발생해 결국 영국 정부로부터 긴급 자금 수혈을 받게 됩니다. RBS의 부실 경영에 관련된 임직원은 1,000명 정도로 추산되는데 이들의 실수 때문에 16만 9천 명에 이르는 전 세계 임직원들의 직장생활에 큰 주름살이 지게 된 사례입니다.

소수의 실수가 전체 직장을 뒤흔든 극단적인 사례가 영화화된 경우도 있지요. 원어로는 악덕 주식 중개업자를 뜻하는 〈Rogue Trader〉, 우리나라에서는 〈갬블〉이라는 제목으로 소개가 된 바 있습니다. 이 영화는 승승장구하던 주식 중개인 닉 리슨이 파생상품 거래 손실로 결국 영국계 주요 민간은행 베어링스의 문을 닫게 한 사건을 다루고 있습니다. 베어링스 은행의 파산 사태는 이익의 5분 1까지 벌어준 우수사원 닉 리슨을 과신한 나머지 회사 측이 동시에 맡겨서는 안될 주식 중개와 거래 결제 업무의 권한을 한꺼번에 몰아준 내부 감독체제의 잘못으로 일어난 것입니다.

한때 회사의 명운을 좌우할 정도로 잘나가던 일부 매출 관련 부서나 직원이 견제 받지 않은 권한 때문에 회사 전체를 커다란 곤경에 빠뜨린 사례는 이밖에도 많을 것입니다. 이 같은 일들이 말해주는 교훈은 무엇일까요? 기업이든 정부든 정당이든 모든 조직에는 적절한 견제와 균형

장치가 있어야만 그 조직의 건강성은 물론 생존이 보장된다는 것입니다. 훌륭한 성과를 올렸다고 견제의 제동장치마저 풀어버린다면 도덕적 해이가 생겨 그 개인이나 단위 부서는 물론 조직 전체가 헤어날 수 없는 파멸의 블랙홀로 빨려들어갈 수도 있음을 역사적 사례들이 잘 보여주고 있습니다.

머리와 가슴을 팔아라

방송 녹화를 위해 시대의 지성으로 불리는 이어령 선생님을 만났습니다. 2009년에 희수(77세)를 맞은 고령이시지만, 건강한 모습에 번득이는 창의력과 그만의 강한 향기는 여전하셨습니다. 선생님께서는 '인류는 그동안 석유 같은 '자원을 파는' 시대를 살아왔지만, 이제는 '머리와 가슴을 파는' 시대로 바뀌어야 하며 창조가 자본이 되는 사회를 살고 있다' 고 역설하셨습니다. 불황의 와중에도 애플과 구글이 다른 기업들보다 빠르게 회복되고 있는 모습을 보이고 있는 것은 두 기업 모두 창조적 자본에 기반을 두고 있는 데 힘입은 것이라고 진단하셨습니다.

이어령의 선생님의 말씀처럼 이젠 기업이든 정부든 한 치의 오차 없이 꽉 짜여진 시스템대로 움직여가는 경직된 구조로는 생존을 담보할 수 없는 상황이 됐습니다. 개인의 창의성과 다양성을 존중하는 유연한 조직, 수직적 위계보다는 수평적 소통구조가 가동돼야 조직의 생존은 물론 성장의 동력이 확보되는 시대가 온 것입니다. 이런 면에서 세계적 경영전략가인 게리 해멀이 쓴 『경영의 미래』는 과학적 관리를 통해 생산성과 효율성을 추구해온 종래의 경영적 사고의 틀을 깨는 창조적 경영의 새 지평을 보여주고 있습니다. 게리 해멀은 말합니다. "현대의 경영방식이 생산성에 관한 가장 효과적인 해답이었지만, 이제는 경영의 종말이 도래했다."

실제로 표준화된 업무, 상세한 직무명세서, 상명하달식 명령체계, 계층화된 보고체계로 상징되는 관료주의가 대부분 기업의 경영을 지배해 온 핵심 틀입니다. 그런데 이것들은 회사를 효율적으로 만드는 데는 도움이 됐지만 보다 큰 문제점을 잉태해왔습니다. 까다롭고 독선적인 절차가 자유분방한 인간의 본성을 기준과 규칙에 순응하도록 강요해, 그 결과 인간의 거대한 상상력과 창조력을 짓누르는 부작용을 낳은 것입니다.

빠르게 변화하는 세상에서 이같이 변화를 좇지 못하는 정체된 사고는 바로 조직의 추락을 가져옵니다. 디지털 카메라의 흐름을 보지 못하고 종래의 필름만을 고집하다 쇠락의 길을 걷게 된 코닥, 고유가 시대에 소비자들이 소형차를 선호하는 시장의 변화를 외면하고 투박한 중대형차만을 고집하다 수술대에 오른 GM이 대표적인 사례라고 할 수 있습니다.

앞에서 이어령 선생님이 창조기업으로 언급한 애플과 구글을 보시지요. 애플하면 바로 창조적 리더인 스티브 잡스와 등식으로 받아들여지는 기업입니다. 애플은 기존 음반사들이 음악의 온라인 유통을 경시하고 외면할 때 그 변화의 흐름을 읽고 조용히 그리고 발빠르게 그 시장에 들어와 세계 시장을 선제적으로 장악했습니다. 창조성과 상상력의 힘이 발휘된 경우입니다.

구글은 어떤가요? 애플이 스티브 잡스라는 시대적 천재에 대한 의존도가 높은 기업이라면, 구글은 기업문화 자체가 직원의 창의성을 최대한 발현하게 하는 유연함을 자랑하고 있습니다. 예컨대 구글에는 자율적으로 움직이는 수많은 팀들이 있습니다. 조직이 수직적으로 움직이는 게 아니라 수평적으로 가동되는 것입니다. 또한 구글의 소프트웨어 연구원들에게는 '20퍼센트 규칙' 이 있다고 합니다. 자기 시간의 20퍼센트를 창의적인 일에 자유롭게 쓰게 하는 것입니다. 보통의 기업에서는 생각할 수 없는 발상의 전환이지요.

게리 해멀은 이 책에서 '다양성이 창의력을 부른다' 는 주제를 다루며 삼성이 다양성에 집중해 디자인을 획기적으로 발전시켰다고 긍정적인 진단을 합니다. 삼성이 로스앤젤레스, 샌프란시스코, 도쿄, 상하이에 디자인 연구소를 설치하고, 정기적으로 디자이너를 프랑크푸르트, 피렌체, 아테네, 베이징 같은 도시로 내보내 현지에서 지내면서 디자인을 배우도록 한 점을 높이 평가합니다. 이 같은 다양성이 혁신을 일으키는 창의적 자본이 되었다는 것입니다.

삼성이 좋은 점수를 받긴 했지만 아직도 우리 기업이나 정부기관의 업무방식은 조직의 논리가 개인의 창의성을 옥죄는 구조를 탈피하지 못하고 있는 것이 현실입니다. 유교문화의 탓인지 권위주의적 문화에 경직된 업무처리 방식을 곳곳에서 볼 수 있습니다. 이제 이 같은 경영은 끝이 났다는 게 이 책이 주는 경고이자 교훈입니다. 직원의 창의성을 자본으로 하면서 유연함과 다양성을 갖춘 조직으로 거듭나야 하는 것은 권고사항 정도가 아니라 이제는 생존을 위한 필수조건이 된 것입니다.

돌다리, 아무리 두드려도 지나치지 않다

'돌다리도 두드려보고 안 건넌다' 는 말이 나올 정도로 신중한 사업방식으로 유명한 국내 유명 기업이 있습니다. 여러분은 어떠십니까? 투자할 때 돌다리를 반드시 두드려보십니까? 그리고 건너십니까? 아니면 한 템포 쉬십니까?

너무 신중해서 고민만 하다 기회를 놓치는 것도 문제지만, 아예 두드려보지도 않고 건너는 무모함이 투자의 세계에서는 더욱 큰 문제입니다. 왜 그럴까요? 대부분의 경우 자기 자신의 판단을 과신하기 때문입니다. 사람은 심리적으로 이런 경향이 있다고 합니다. 좋은 결과를 얻을 때는 우연이나 운보다는 자신의 실력 덕분이라는 생각을 주로 합니다. 내가 잘나서 일이 잘됐다는 것이죠. 이러한 자기만족이 풍선처럼 커지다가 결국 나의 선택은 모두 옳고 대박이라는 무모한 확신이 생기기 시작합니다.이때부터 과거의 실수나 실패는 과신의 구름에 덮여 잘 보이지가 않습니다.

투자자들도 이 위험한 과신의 열차에 자주 올라타는 단골 승객입니다. 수익률이 좋았던 때만 떠올리면 자신이 대견스럽고 어깨가 으쓱해집니다. 그러다 보니 이 성공신화만을 믿고 사고팔고를 반복합니다. 초단타 투자자가 되는 것이죠. 그렇다면 이런 투자방식의 결과는 무엇일까요? 보나 마나 '희망 끝 실망 시작' 입니다. 자주 사고팔다 보니 수수료만 많이 내서 증권사 좋은 일만 해주는 셈이 됩니다.

어떤 투자자들이 이런 실수를 하기 쉬울까요? 한 연구결과를 보면 여자보다는 남자가 사고팔고를 더 자주해 수익률이 낮다고 합니다. 과신의 늪에 빠진 남성들이 한마디로 뜨거운 맛을 보고 있는 셈이죠. 반면 남자라도 투자를 잘하는 사람도 있습니다. 2009년에 공개된 국회의원 재산변동 신고 내역을 보면 의원님들의 재테크 실력이 상당해 보입니다. 주식 고수로 이름 높았던 의원은 주가가 2,000을 넘어 꼭짓점을 찍었던 때에 주식을 다 내다 팔았고, 또 다른 의원은 주가 폭락에 맞춰 발빠르게 포트폴리오를 조정해서 강남에 아파트를 사고 예금을 늘렸다고 합니다.

놀라운 건 전문성이 있다는 투자클럽이 전체 개인투자자보다 수익률이 낮은 것으로 나타났다는 사실입니다. 전문가들은 시장과의 싸움에서도 그리 좋은 성적을 올리지 못합니다. 펀드평가사 제로인이 2006년부터 2009년 6월까지 자산운용사별로 국내 주식형 펀드의 월평균 수익률을 조사한 결과, 시장 지표인 코스피 수익률에도 미치지 못하는 경우가 절반을 넘었습니다. 시장 수익률도 올리지 못하는 펀드매니저들을 전문가로 불러도 될지 의구심마저 듭니다.

성공과 실패를 가르는 요인은 무엇일까요? 답은 명확합니다. 세상만사 다 내가 잘한다고 과신하는 순간 실패의 가능성은 커지기 시작합니다. 돌다리는 아무리 두드려도 지나치지 않는 법입니다. 주식투자에도 똑같은 원리가 적용됩니다. 자신의 플레이를 객관적으로 바라보면서 놓친 기회에 미련 갖지 않고 냉정하게 팔 때 팔고 살 때 살 수만 있다면 승승장구 하겠지요. 그런데 재미있는 것은 '돈'이 저 스스로 움직이지는 않는다는 것입니다. '돈'을 움직이는 것은 결국 사람의 마음입니다.

당신의 투자결정, 과거를 보면 안다

누구나 투자를 할 때면 자신이 수집한 정보를 근거로 객관적으로 판단한다고 생각합니다. 어떤 기업이 가진 가치보다 주가가 싸다고 볼 때, 또는 탄력을 받아 주가가 계속 오를 것 같다고 판단될 때 주식을 매입합니다. 그런데 이런 투자 결정도 따지고 보면 자신의 과거 투자 경험에 많이 영향을 받는다는 사실을 알고 계십니까?

그동안 주가의 급등락을 경험했지만 그래도 수익률이 괜찮은 투자자는 주식투자에 더 공격적이고, 수익률이 부진했던 투자자는 돌다리도 두드려보고 건너는 안전 위주의 투자를 선호하는 경향을 보인다고 합니다. 이는 지식 사회학에서 이야기하는 의식의 존재 구속성 같은 것입니다. 존재 구속성은 사람의 생각이 자신의 사회적 조건, 즉 계층 같은 환경에 영향을 받는다는 명제입니다. 같은 식으로 이야기하면 투자의 경험 구속성이라고나 할까요? 우리가 스스로는 객관적인 투자 결정을 내린다고 생각하지만 자신이 과거에 경험한 틀을 벗어나지 못한다는 이야기가 되겠지요.

실제로 2007년, 미국의 두 교수가 재미있는 연구결과를 발표했습니다. 내용은 이렇습니다. 주식투자를 시작한 이후 평균 수익률이 높은 투자자들은 더 많은 투자 위험을 감수하려고 합니다. 그러다 보니 자산의 많은 부분을 주식에 투자합니다. 주식투자에서 재미를 못 본 불운한 투자자들은 가급적 주식 매입을 절제하려고 합니다.

미국에서 출생년도별로 36세에서 45세의 연령대에서 주식시장에 참여한 사람들의 비율을 비교한 통계입니다. 1920년에 태어나 대공황을 경험했던 세대는 자금의 불과 13%만을 주식에 투자했습니다. 대부분 25% 이상의 자금을 투자하는 다른 세대들에 비해 비율이 무척 낮지요. 주가 대폭락으로 많은 사람들의 재산이 하루아침에 증발하는 것을 봤기 때문입니다.

반면 1931년부터 40년 사이에 태어나 2차 대전 후 호황기를 지낸 세대는 투자비율이 32%로 1920년 출생 세대보다 배 이상 높습니다. 주식투자를 상대적으로 긍정적으로 보는 것이지요. 1941년부터 50년 사이의 출생 세대는 다시 증시를 멀리합니다. 이들은 1970년 초반과 후반의 오일쇼크 이후 불황을 겪은 사람들입니다.

어떻습니까? 오래 전 이야기지만 무엇을 경험했느냐에 따라 투자 결정이 천차만별임을 알 수 있습니다. 여러분은 어떠십니까? 일리가 있는 이야기라고 생각하십니까? 이 연구결과를 우리나라에 적용해보면 장년기에 2008년과 2009년 초의 주가 폭락을 경험한 사람들은 아무래도 자산의 많은 비중을 주식에 투자하는 걸 기피하겠지요.

국내 주가 흐름을 보면 1992년과 1998년, 2001년에 급락 추세를 보인 반면, 1989년, 1994년, 2007년에는 큰 장이 섰습니다. 한번 기억을 더듬어 보십시오. 그 시기를 겪었던 것이 자신의 투자 태도에 영향을 미치고 있지는 않습니까? 지금까지 이야기한 연구결과가 의미있는 것이라면 자신의 투자습관을 정확히 되짚어볼 수 있는 기회가 될 것입니다. 자신에 대해 잘 알면 투자의 성공은 절반 정도 보장되는 게 아닐까요?

여기에서 다른 이야기를 하나 더 해보겠습니다. 불황은 투자 태도뿐만 아니라 라이프 스타일에도 많은 변화를 가져온다고 합니다. 2009년 1월, 뉴욕타임스에 실린 기사 내용을 정리해보겠습니다.

당연한 이야기지만 살림살이가 어렵다 보니 돈이 많이 들어가는 외식 같은 바깥 활동을 줄이는 대신 집에서 인터넷 삼매경에 빠지는 등 허리띠를 졸라매는 사람들이 늘어납니다. 또 불황은 스트레스 지수를 높여 정신 건강에는 해롭지만 오히려 몸에는 그렇지 않다고 하네요. 일단 스트레스 엄청 받는 일을 적게 해도 돼 잠을 더 잘 수 있고, 운동시간을 늘리니 건강이 개선된다는 겁니다. 우리로서는 쉽게 수긍이 가는 대목은 아니지요.

게다가 근무시간이 줄어들어 자동차를 덜 타다 보니 교통사고 위험도 감소하고 술 마실 기회도 줄어든다는 겁니다. 이 때문에 '실업률이 1% 높아지면 사망률이 0.5% 낮아진다' 는 연구결과까지 나와 있다고 합니다. '개똥도 약에 쓴다' 는 말과 비슷한 의미가 아닐까 싶습니다.

정리해보면 우리의 생각이나 의사결정은 자신의 경험에서 자유롭지 못함을 알 수 있습니다. 이 같은 한계를 알고 살아간다면 '나도 틀릴 수 있다' 는 유연한 자세를 갖게 돼 삶이 더 행복해지지 않겠습니까? 세상도 훨씬 부드러워질 것입니다. 물론 여러분의 투자 성적표도 우등생 대열에 끼게 될 겁니다.

똑똑한 결정을 돕는 유익한 참견

우리는 매일 많은 결정을 내리며 살아갑니다. 주식투자를 하는 사람이라면 가지고 있는 종목을 계속 보유할까 팔까 어떤 종목을 살까 마음의 결정을 내려야 하고, 핸드폰을 바꾸고 싶은 사람은 어느 회사의 제품을 살지 등에 대해 고민을 합니다.

우리는 나름대로 주어진 정보를 가지고 합리적인 의사결정을 한다고 생각합니다. 더 크게 보면 경제학이라는 학문은 개인과 기업 같은 경제주체들이 주어진 여건에서 이성적이고 합리적인 최적의 결정을 내린다는 전제 아래 다양한 이론을 풀어나갑니다. 하지만 실제로 우리가 항상 합리적인가요? 답은 그리 긍정적이지 않습니다. 주가가 급락할 것이라는 공포가 시장을 휩쓸면 앞뒤 가리지 않고 주식을 내던지는 투매 양상을 보이는 경우, 역으로 가격이 계속 오르기만 할 것이라는 미망 아래

집값 버블을 키우다 결국 낭패를 보고만 경우 등은 인간이 합리적이라는 가설에 큰 도전을 합니다.

2009년 여름, 이명박 대통령이 휴가철을 맞아 청와대 전 직원에게 돌렸다고 해서 화제를 모았던 『넛지』라는 책이 있습니다. 미국 시카고 대학의 행동경제학자인 리처드 탈러와 법학교수인 캐스 선스타인이 쓴 이 책은 사람이 편견으로 인해 체계적으로 잘못된, 비합리적인 의사결정을 하는 방식을 다양하게 소개합니다. 그리고 사람들이 똑똑한 결정을 할 수 있도록 영향을 미칠 수 있는 방법을 제시합니다. 두 저자는 이를 '넛지', 즉 '자유주의적 개입'이라고 부릅니다. 넛지(Nudge)는 사전적으로 '슬쩍 옆구리를 찌른다'는 뜻을 가지고 있는데, 이 책에서는 '타인의 선택을 유도하는 부드러운 개입'이라는 의미로 쓰이고 있습니다. 유익한 참견을 한다는 말이지요.

먼저 우리가 잘못된 판단을 하게 되는 사례를 살펴보겠습니다. 사람들은 입수 가능한 정보에 근거해 판단을 합니다. 뉴스에서 살인사건에 대해 많이 듣다 보니, 자살로 죽는 사람보다 타살로 죽는 사람이 더 많다고 믿는 것과 같습니다. 잘못된 믿음이지요. 연속해서 슛을 성공시킨 농구 선수가 다음 번 슛도 넣을 확률이 높다는 경기 해설자의 말에 우리는 고개를 끄덕입니다. 그런데 실제 통계를 보면 세 차례의 슛에서 80%의 성공률을 보인 선수라도 이후 슛에서 관중들에게 환호를 받을 확률은 55%로 뚝 떨어집니다.

그러면 사람들이 올바른 결정을 할 수 있도록 돕는 방법, 즉 넛지는 무엇일까요? 사례를 중심으로 살펴보겠습니다. 남자화장실은 항상 변기 주변에 소변이 흘러내리는 점이 문제로 지적됩니다. 그런데 네덜란드 암스테스담 공항의 남자화장실 소변기에는 중앙에 검정색 파리가 그려져 있다고 합니다. 재미있는 것은 남성들이 이 파리를 조준하다 보니 변기 주변이 깨끗해졌다는 사실입니다. 사소한 변화가 남성들의 행동양식에 변화를 가져온 것이지요.

다음은 장기기증의 경우입니다. 장기기증은 수요가 공급보다 많습니다. 직접적으로 장기기증 의사를 밝힌 사람이 적은 탓도 있지만, 기증의사를 밝힐 수 있는 기회 자체가 많지 않기 때문입니다. 그래서 미국 몇 개 주에서는 운전면허 등록시 기증 의사를 표시하게 돼 있습니다. 아예 설문조사서를 보내 부정적 답변을 주지 않은 사람은 장기기증 의사가 있는 것으로 간주하자는 주장까지 제기되고 있습니다.

복잡한 요금과 수수료 체계를 알 수 없어 소비자들이 올바른 의사결정을 하기가 어려운 경우도 있습니다. 휴대폰 요금과 신용카드 사용 내역인데요. 다른 회사와 비교하기도 쉽지 않고, 소비자 자신이 어떤 점에 주의해야 하는지 알기가 쉽지 않습니다. 이 책은 정보 공개를 확대해 휴대폰 회사들은 연간 휴대폰 이용대금고지서를, 신용카드 회사들은 수수료와 연체이자를 포함한 연간사용내역서를 우편으로 보내고 온라인 파일로도 보낼 것을 의무화하자고 제안합니다. 정확하고 상세한 정보 공급으로 소비자들의 합리적인 선택을 유도하자는 것입니다.

이 책이 주장하는 넛지, 자유주의적 개입주의는 보이지 않는 시장의 손을 신뢰하는 자유주의와 정부가 경제에 적극 개입하는 개입주의의 중간 형태라고 볼 수 있습니다. 개인의 자유는 존중하되 정부는 살짝 참견만 해서 올바른 결정을 하도록 돕는 역할을 하자는 것입니다. 요즘 화두가 된 중도실용주의의 정신이 이것과 맥을 같이 하는 것인지 모르겠습니다.

소비가 미덕인 시대

우리는 일상생활에서 먹고 마시는 입는 데 돈을 씁니다. 바로 소비활동이지요. 소비는 우리에게 삶의 만족을 주는 중요한 경제활동입니다. 빗줄기가 모여 강물과 바닷물을 이루듯 소비는 국가 경제에서 매우 중요한 역할을 담당합니다. 그런데 요즘처럼 경제가 어려워지면서 우리는 생각합니다. 비어가는 곳간을 지키고 부도를 막기 위해서는 '안 써야 되겠구나!!' 하고 말입니다. 그런데 이건 정말 큰일 날 생각이라는 것을 알고 계십니까?

소비는 국가 경제가 한 해 동안 생산해내는 부가가치의 합인 명목 국내총생산, 즉 GDP의 약 70%를 차지하고 있습니다. 투자의 비중 29%에 비하면 배를 넘는 수준이지요. 결국 소비에 비상등이 켜지면 경제 전체도 몸살을 앓게 되는 것입니다.

하지만 2008년 하반기부터 글로벌 경제에 먹구름이 잔뜩 끼면서 소비에도 문제가 생겼습니다. 소득이 줄거나 일자리를 잃은 실업자가 늘어나고 미래가 불안해지자 소비자들이 지갑을 닫아버리기 시작한 것입니다. 결과는 소비의 감소로 나타났습니다. 2008년 하반기만 해도 민간소비는 1년 전보다 1.2%가 줄어들어 GDP 성장률 −0.3%보다 감소폭이 더 컸습니다. 상황은 2009년에도 이어져 2.6%가 축소된 것으로 추산되고 있습니다. GDP 감소폭보다 더 큽니다. 결국 소비가 살아나지 않는 한 경제의 봄은 오지 않는다는 것입니다.

문제는 소비자들이 지출을 줄이는 행위 자체가 소비자의 생활을 더 어렵게 만드는 부메랑이 된다는 것입니다. 경제학자 케인즈가 이야기한 이른 바 '절약의 역설'이 현실화되는 순간입니다. 개인들은 지출을 줄이고 저축을 늘리면 마음이 든든해질지 모릅니다. 하지만 경제의 큰 축을 차지하는 소비의 감소는 경기침체를 가져오고, 이것이 결국 소득과 일자리 감소를 가져와 가계의 생활이 힘들어지는 것입니다. 위기 극복을 위해 사람들이 가장 먼저, 그리고 손쉽게 할 수 있는 '안 쓰고 살아남기'라는 합리적인 행위가 국가 경제 전체에는 깊은 주름살이 지게 하는 것이지요. 숲과 나무의 관계와 같은 것입니다.

1930년대 대공황기를 헤쳐나갈 처방전을 제시해 20세기 최고의 경제학자로 평가받는 케인즈는 이 같은 모순을 일찌감치 간파해 이렇게 말합니다. "당신이 5실링을 저축할 때마다 한 사람의 노동자를 일자리에서 쫓아내는 결과를 가져온다. 물건을 살 때마다 당신은 고용을 늘리게 된다. 당신이 이 나라 고용을 늘리고 싶다면 국내에서 제조된 제품을 사는 게 좋다." 케인즈의 말은 이어집니다. "애국심 강한 주부들이여, 내일 아침에는 씩씩하게 거리로 나가서 곳곳에서 벌어지는 세일에 동참하도록 하라."

이 대목에서 언젠가 들었던 우스개 소리가 떠오릅니다. 남편이 퇴근하고 집에 들어갔더니 아내가 남편을 반기며 하는 한마디 말, "여보 나 오늘 500만 원 벌었어!! 1,000만 원짜리 밍크를 세일해서 500만 원에 샀거든." 대한민국 주부들이 남편의 월급봉투를 지키고 싶다면 이젠 장바구니를 들고 나가서 '돈'을 좀 써줘야 한다는 말, 반갑지 않으십니까? 대신 '메이드 인 코리아'를 확인하시고 말입니다.

경기가 안 좋다고 마냥 허리띠를 졸라매는 게 해답이 아니라는 것, 아셨겠지요? 우리가 써야 경제가 삽니다! '절약의 역설' 대신 '소비의 역설'을 실천하십시다. 소비가 미덕입니다.

가축방귀와 트림에도 죄악세?

술과 담배에 세금을 더 무겁게 물리자는 이른바 죄악세를 놓고 한동안 논란이 일었습니다. 음주와 흡연 모두 암을 유발해 사회적 의료비용을 증가시키는 등 해악이 큰 만큼 세금을 크게 올려서라도 소비를 줄이게 해야 한다는 주장이 조세연구원에 의해 제기된 것입니다. 하지만 가뜩이나 생활고가 심한 서민에 대한 증세라는 반론이 제기된 데다 '죄악세' 라는 이름 자체에 대한 반감 때문에 이번 논란은 수그러드는 분위기입니다.

사실 우리는 주변에서 죄악세 성격의 세금이나 부담금을 어렵지 않게 찾아볼 수 있습니다. 죄악세는 경제학에서 말하는 외부 불경제를 줄이기 위한 대책으로 사용됩니다. 여기에서 외부 불경제는 공해나 소음과 같이 한 사람이나 한 기업의 행동이 다른 개인이나 기업에 손해를 주는 행위를 말합니다. 그러니까 공해나 오염을 줄이기 위한 환경오염 부담금 같은 것들이 죄악세에 해당됩니다. 술이나 담배가 아닌 환경오염을 예로 드니 죄악세에 대한 거부감이 좀 덜해지는 것 같기도 합니다.

다른 예를 한 가지 더 들어볼까요? 자가 운전하는 사람들이라면 아침 저녁으로 출퇴근 전쟁에 시달릴 겁니다. 그런데 여러분의 자가용 운전 자체가 다른 사람에게는 부정적 영향을 끼치는, 앞에서 말한 외부 불경제에 해당됩니다. 내 차 내가 쓰는데 뭐가 문제냐고 반문하는 사람도 있을 것입니다. 문제는 모두들 이런 생각으로 차를 몰고 나오는데, 결국 차량이 내뿜는 매연으로 인한 공기오염과 교통체증이 다른 사람들에게 손해를 주고 사회적 비용을 불러일으킨다는 것입니다. 나한테는 옳은 일인데 사회 전체적으로는 문제가 되는 구성의 오류 같은 것입니다. 그래서 이 사회 전체에 대한 부작용을 줄이기 위해 유류세나 도로 통행세 같은 것이 부과되는데, 이것이 바로 죄악세라고 할 수 있습니다.

캥거루와 소의 차이점에 대해서도 알아볼까요? 다소 엉뚱해 보이지만 죄악세와 관련이 있어서 소개합니다. 캥거루는 풀을 뜯어먹는데 위속에 특별한 박테리아가 있어 풀을 소화시키고도 메탄가스를 방출하지 않습니다. 문제는 소입니다. 소는 풀을 소화시킨 후 트림이나 방귀를 통해 메탄가스를 대기 중으로 내보냅니다. 그런데 메탄가스는 지구온난화를 초래하는 대표적인 기체이고, 이산화탄소보다 온실효과가 20배나 크다고 합니다. 특히 소의 방귀는 둘째로 치더라도 대기 중으로 방출되는 메탄가스의 20%는 소의 트림에서 나온 것이라고 합니다.

웃어넘길 수만은 없는 이야기입니다. 소의 트림과 방귀가 지구 온도를 높이고 있으니 소를 많이 키우는 나라들의 고민도 이만저만이 아닙니다. 인도에서는 특별한 성분의 복합 영양소를 활용해서 소의 소화 능력을 키움으로써 메탄 발생량을 줄였다고 합니다. 에스토니아는 한 발 더 나아가 2009년부터 소에 죄악세 성격의 방귀세를 부과하기 시작했으며, 덴마크도 이를 도입하는 방안을 추진 중입니다. 뉴질랜드 정부는 가축 방귀세를 농가에 물리려 했다가 농민들의 반발로 백지화한 적이 있습니다. 이 정도면 상황이 얼마나 심각한지 짐작이 되시겠지요.

우리나라의 경우 농촌진흥청 집계를 보면 풀 사료를 많이 먹는 젖소 한 마리가 방출하는 온실가스 양은 1년에 2만 km를 달리는 소형차가 내뿜는 온실가스 양과 동일하다고 합니다. 상황이 이러니 머지않아 방귀세 부과 등을 통해 가축의 메탄가스 발생량을 줄이라는 국제적 압력이 가시화될 것으로 전문가들은 우려하고 있습니다.

지금까지 이야기한 대로 죄악세는 외부 불경제로 인한 사회적 비용을 줄이자는 선의의 의도를 가지고 있습니다. 하지만 주세와 담배세 논란에서처럼 서민층의 부담이 무거워지는 측면이 있는 데다 죄악세 부과가 해당 상품의 소비량을 줄이는 데 효과적이지 않다는 반론도 만만치 않습니다. 이번에는 잠잠해졌지만 소의 방귀로 인한 온난화 같은 문제가 존재하는 한 죄악세 논란은 피해갈 수 없을 것으로 보입니다.

원자재 투기는 죄악이다

경제학에서 외부 불경제(外部 不經濟)란 단어를 들어보셨을 겁니다. 다른 사람이나 다른 기업의 행위가 나쁜 영향을 주는 것을 말하지요. 우리 사회의 고질적인 질병으로 지적돼온 일부 계층의 부동산 투기도 외부 불경제에 해당됩니다.

일부 계층이 뭉칫돈을 벌겠다고 자신들이 살지도 않을 아파트를 사들이며 투기를 하면 무슨 일이 일어날까요? 실제로 집이 없는 사람들의 수요가 아닌 투기세력의 돈놀이에 의해 아파트 가격이 급등합니다. 그리고 이런 현상은 사람들의 인플레 심리를 부추겨 경제 전반에 물가 비상을 가져오고, 그 결과 애꿎은 시민들만 고물가의 부담을 안게 됩니다. 특히 무주택자들은 한 푼 두 푼 돈을 모아 내집 마련을 준비하지만 투기꾼들이 아파트 값을 턱없이 올려놓아 내집 마련이 늦어지는 피해를 보게 됩니다.

저 개인적으로 부동산 투기 못지않게 죄악시하는 것이 바로 국제적인 원자재 투기입니다. 원유를 비롯해 곡물 같은 원자재 시장에는 '돈 놓고 돈 먹기' 식의 투기를 하는 세력이 많습니다. 원자재 실물 구매에는 전혀 관심이 없고, 가격의 등락을 이용해 시세 차익을 노리는 사람들입니다. 이들이 얼마나 시장을 좌지우지하는지 살펴보겠습니다.

원자재 가격이 급등했던 2008년 초의 일입니다. 대표적인 국제 원자재 가격지수인 IMF 상품가격지수는 2008년 2월에 170.9로 1년여 전인 2007년 1월보다 무려 51.4%의 상승률을 기록했습니다. 우리나라처럼 원자재를 수입해서 쓰는 나라 입장에서는 억장이 무너질 일입니다. 왜 이리 값이 천정부지로 뛰었을까요? 2008년 4월, 삼성경제연구소는 '원자재 가격의 급등 원인과 전망' 이라는 자료를 내놓았습니다. 이 보고서는 주요 원자재의 가격을 끌어올린 요인이 무엇인지를 분석했는데 의미 있는 결과가 나왔습니다.

먼저 원유입니다. 배럴당 가격이 2007년 1월부터 2008년 2월까지 1년 사이에 무려 41달러나 올랐는데, 이 중 40%인 16달러가 투기자금에 의해 끌어올려진 것으로 나타났습니다. 정작 수급이나 달러화 약세 같은 요인으로 인한 유가 상승률은 6% 수준에 불과했습니다. 과도하게 풀린 돈이 원유 선물시장으로 흘러들어 실물경기와 무관하게 유가에 버블이 생기게 한 것입니다.

소맥도 상황은 마찬가지입니다. 가격 상승분의 절반 가까이가 투기자금에 의해 부추겨진 것입니다. 재고 감소로 곡물가격 상승이 예상되자 돈 냄새를 맡은 국제자금이 곡물 선물시장으로 대거 몰리면서 값을 상승시켰습니다.

결국 원유나 소맥 값의 절반은 투기자금의 장난만 없었더라면 오르지 않을 수도 있었던 것입니다. 이 얼마나 못된 짓입니까? 아파트 투기는 '저리 가라!' 입니다. 투기세력들이 원유값을 폭등시킨 결과, 우리나라처럼 원유 한 방울 나지 않는 국가는 오른 만큼 배나 돈을 들여 원유를 사와야 하고, 그만큼 물가가 올라 가계는 가계대로, 기업은 기업대로 큰 홍역을 치릅니다.

곡물은 어떻습니까? 이건 문제가 더 심각합니다. 수억 명에 달하는 기아선상의 사람들이 생존의 위기에 직면합니다. 2008년 초, 식량 가격이 폭등하자 아프리카와 아시아 지역에서 식량이 부족한 가난한 나라의 국민들이 큰 타격을 입었습니다. 콩고, 수단, 케냐 같은 아프리카 국가들은 곡물 수입대금으로 35%를 더 내도 수입물량은 2% 줄일 수밖에 없는 처지로 내몰렸습니다. 이처럼 곡물가격이 투기요인으로 과도하게 오르자 기아선상에 놓인 수많은 사람들이 먹고사는 일 자체가 문제가 된 것입니다. 의식주에 아무런 걱정 없이 선진국에서 호화생활을 하는 투기세력들의 돈벌이를 위해 하루하루 겨우 끼니를 연명해가는 저개발국의 국민들이 사지로 내몰리고 있는 것입니다.

스위스 출신의 사회학자 장 지글러는 말합니다. "시카고 거래소를 주름잡는 사람들은 차드, 에티오피아, 아이티 같은 가난한 나라의 정부가 높은 가격을 감당할 수 있을지 따위는 눈곱만큼도 고려하지 않아. 그들이 원하는 것은 수백만 달러를 더 벌어들이는 것이지. 배고픈 자들의 고통? 맙소사. 그들을 위해서는 유엔이 있고 국제적십자사가 있잖아, 하는 식이란다."(『왜 세계의 절반은 굶주리는가?』 중에서)

지금까지 이야기한 것을 생각해보면 제가 왜 '원자재 투기는 죄악' 이라는 제목을 달았는지 이해하실 겁니다. 남에게 피해를 주는 외부 불경제라는 말로도 부족합니다. 자기만 잘살겠다고 수많은 사람들을 아주 심하게 괴롭히는 이런 행위를 '투자' 라는 말로 정당화할 수 있을까요? 이는 인류에 대한 죄악입니다!

그런데 이런 원자재 투기를 하는 사람들은 누구일까요? 다름 아닌 투자은행, 헤지펀드, 국제 금융가의 큰손들입니다. 짐 로저스 같은 사람은 아예 세계적인 상품투자의 귀재로 불립니다. 원자재 돈놀이로 큰돈을 번 사람입니다. 아무리 피도 눈물도 없는 게 돈의 세계라고 하지만 이 사람들 너무 심한 것 아닙니까? 그렇다고 원자재 투기가 이 사람들의 도덕적 판단에 의해 억제되기를 바라는 것은 지나치게 순진한 발상일 것입니다. 자본주의의 건전한 발전을 위해 지금까지 언급한 비정한, 비인간적인 투기에는 제도적으로 제동을 걸 수 있는 장치가 마련되어야 할 것입니다.

2

경제위기를 부르는 인간의 본성

보너스와 노름에서 번 돈은 다르다?

서울대학교 경제학부의 이준구 교수가 『36.5℃ 인간의 경제학』이라는 책을 냈습니다. 이 책에서는 전통 경제학이 생각하는 것처럼 사람들은 자신의 이익만을 이기적이고 합리적으로 추구하는 것은 아니라고 말합니다. 손해 볼 줄 알면서도 남을 배려하기고 하고 공정한 거래를 선호하고, 때로는 주먹구구식으로 의사결정을 하기도 합니다. 이렇게 사람들은 때로는 비합리적인 판단을 하기도 한다고 책은 말합니다.

몇 가지 예를 들어보겠습니다. 회사에서 보너스로 백만 원을 준 경우와 노름을 해서 백만 원 딴 경우를 한 번 생각해봅시다. 어느 쪽이 더 돈 씀씀이가 헤플까요? 두말할 나위 없이 노름 소득은 공돈이라 생각하고 좀 헤프게 쓰게 될 것입니다. 같은 백만 원인데도 우리는 이렇게 다른 행동을 하게 되는 비합리성을 가지고 있습니다. 보너스와 노름에서 번 돈을 칸막이를 쳐놓고 다르게 생각하는 마음의 회계를 하고 있기 때문입니다.

다른 예입니다. 헬스클럽 정기회원권 끊어보신 분들 많으실 겁니다. 그런데 아마 상당수는 자주 가지 못하고 아까운 돈을 날리신 경험 또한 있을 겁니다. 저도 비슷한 경험을 한 적이 있습니다. 자주 갈 수 있다고 과도한 자신감을 가진 결과 손해를 자초한 것입니다. 비합리적인 행동입니다. 비싼 돈을 들여 운동기구를 집안에 들여 놓고 먼지만 쌓이게 하는 행위도 비슷한 경우라고 할 수 있습니다.

이 책에서는 또한 '돈이 전부는 아니다' 라고 말하며 사람이나 기업들이 기존 경제학이 가르치는 것처럼 이익만 극대화하려고 하지 않고, 공정성의 문제에도 신경 쓴다는 점을 설명합니다.

프로야구의 백미인 한국시리즈를 생각해보겠습니다. 두 팀이 3대 3, 동률을 이뤘을 경우, 시장원리에 따르자면 7차전 최종전 입장료는 높여 받아야 합니다. 좌석 수는 그대로인데 현장에 와서 경기를 보고 싶어 하는 사람들은 훨씬 늘어날 것이기 때문입니다. 하지만 프로야구협회는 이런 이득만을 추구하지는 못할 겁니다. 야구팬들의 불만이 봇물같이 터져나와 여론이 매우 안 좋게 돌아갈 것이기 때문입니다. 야구협회가 합리적 의사결정을 못하고 공정성을 의식하는 것이지요.

좀 더 세부적인 이야기로 들어가볼까요? 이준구 교수는 기업들이 연

공서열을 폐지하는 것의 부작용을 지적합니다. 기업은 오래 근무했다고 돈을 더 많이 주는 제도를 없애고 성과급을 시행할 경우, 직원들이 이 같은 변화에 합리적으로 반응해 더 열심히 일할 것으로 기대합니다. 하지만 현실은 그렇지가 않다는 것입니다. 근로자들이 비합리적 결정을 하게 되기 때문입니다. 열심히 일하지 않으면 생활 수준이 떨어질 것이라는 두려움이 오히려 사기를 떨어뜨려 회사 전체에도 부정적 영향을 미친다는 것이지요.

이 교수는 말합니다. "사람은 감정의 동물이다. 따라서 역설적인 모습을 보이기도 하는데, 열심히 일하라고 몰아붙인다고 해서 열심히 일하지는 않는다. 회사가 자신에게 잘해준다고 느끼면 스스로 알아서 열심히 한다."

투자의 세계에서는 어떨까요? 인간은 합리적일까요? 주식투자에서도 비합리적인 의사결정이 자주 이뤄집니다. 사실 투자자들이 모든 정보를 가지고 합리적으로 투자하면, 주가는 그 주식이 가진 가치를 그대로 반영하게 돼 있습니다. 대박이 있을 수가 없지요. 그런데 현실은 그렇지가 않습니다. 비합리적인 투자자들이 적지 않기 때문이고, 여기에서 대박을 만들어낼 수 있는 여지가 생기는 겁니다.

예컨대 투자자들은 너무 조급합니다. 주식을 좀 더 가지고 있으면 수익을 높일 수 있는데 이를 참고 기다리지 못합니다. 조사결과를 보면 투자자가 빨리 팔아버린 주식의 가격이 새로 산 주식보다 평균적으로 더 많이 오른 것으로 나타납니다. 역으로 조급한 투자자가 판 주식을 사들인 다른 투자자가 높은 수익률을 올리게 되는 것입니다.

지금까지 이야기한 내용처럼 사람들은 실제 생활에서 항상 똑똑하고 이기적인 의사결정을 하지는 않습니다. 오히려 엉터리 같은 비합리적 결정을 수시로 합니다. 이런 인간의 속성을 제대로 알아야 경제이론도 정부의 정책도 기업 경영도 제대로 된 맥을 짚을 수 있다는 것이 이 책이 주는 교훈입니다.

경제학자가 돈을 못 버는 이유

글로벌 경제위기가 시작된 이후 경제학의 예측 능력에 대한 신뢰도는 땅에 떨어졌습니다. 오래 전부터 많이 풀린 돈 때문에 경제에 큰 버블이 만들어지고, 그게 터져 세계 경제를 불황의 골로 빠뜨렸는데도 버블 붕괴의 가능성을 경고하고 예측한 경제학자는 거의 없었기 때문입니다.

2009년 8월 초, 영국학사원 브리티시 아카데미의 한 세미나에 참석한 엘리자베스 여왕은 "왜 어떤 경제학자도 위기 발생을 경고하지 못했는가?"라고 따져 물었습니다. 세계 경제가 파국에 치달았는데도 어느 경제학자도 경고음을 울리지 못한 데 대한 영국 여왕의 실망이 담긴 질문이었습니다. 경제학자들의 입장에서야 유구무언(有口無言), 낯이 후끈 달아오를 수밖에 없는 현장이었습니다.

이에 대해 영국의 경제학자들은 여왕에게 보낸 사과 편지에서 "저희 하나 하나는 대단히 똑똑하지만 집단적 상상력이 부족하여 세계의 금융 시스템 전체가 직면한 위험을 알아차리지 못했습니다"라는 글을 남겼다고 합니다. 이른바 경제학자들의 수난시대라고 할 수 있겠습니다.

그러면 경제학자 자신들의 자산 운용 성적표는 어떨까요? 경제와 금융시장에 대해 깊이 있게 학문적 훈련을 한 사람들이어서 돈도 잘 굴릴 것 같은데, 실제도 그럴까요? 결론부터 말씀드리면 '많이 아는 것과 돈을 많이 버는 것은 별개의 일' 입니다. 사람마다 들쭉날쭉하지만 대개 투자 성과는 평균 이하입니다.

그래도 그중에는 투자로 성공을 거둔 경제학자들도 있습니다. 애덤 스미스와 함께 고전파 이론의 체계를 세웠다는 평가를 받고 있는 18세기 영국의 경제학자 데이비드 리카도. 그는 일생 동안 동인도회사 외의 주식에는 관심이 없었던 반면 채권투자에 관한 한 귀재였습니다. 그는 국채의 가격 차이를 이용하는 재정거래를 통해 큰돈을 벌었습니다. 영국군이 전투에서 나폴레옹에게 졌을 때 폭락한 영국 국채를 사들인 다음, 워터루 해전에서 나폴레옹이 패전했을 때 이를 비싼 값아 팔아 당시 돈으로 1백만 파운드를 벌었습니다.

20세기 경제학의 한 획을 그은 케인즈는 어땠을까요? 한 마디로 롤러코스터 성적표입니다. 그는 1920년대에 주식투자로 대박을 터뜨렸다가 이후 세계 경제가 더블딥에 빠졌을때 이를 다 날립니다. 하지만 이후 경제가 회복하는 과정에서 다시 백만장자가 됩니다.

정반대의 경우도 살펴보겠습니다. 옵션의 블랙숄즈 모형으로 노벨 경제학상을 받은 숄즈가 세운 펀드, 널리 알려진 롱텀캐피탈 파산 사태입니다. 러시아의 이자율이 오를 것으로 보고 러시아 국채에 대규모 베팅을 했다가 예기치 못하게 러시아 정부가 부채상환 유예선언을 하자 파산 직전의 위기까지 몰렸습니다. 둘째가라면 서러울 정도로 투자이론의 대가인 숄즈가 눈앞의 러시아 경제위기를 내다보지 못해 낭패를 당한 것입니다. 또 저명한 경제학자인 헨리 카우프만은 메이도프 전 나스닥위원장의 폰지 사기에 걸려 적지 않은 돈을 날렸다고 합니다.

앞에서 경제위기를 예측하지 못한 데 대한 영국 여왕의 질책을 소개했습니다만, 투자와 관련해서도 '경제학자는 똑똑한데 왜 부자가 되지 못하느냐'는 일부의 지적이 있을 수 있습니다. 여기에는 이유가 있습니다. 경제학자들은 미래를 예측합니다. 하지만 그 예측은 미리 세워놓은 많은 가정을 전제로 복잡한 수학적, 통계적 모델을 바탕으로 이뤄지는 것입니다. 사실, 내용을 들여다보면 예측의 정확성을 요구하는 것 자체가 무리일지도 모릅니다. 현실이 가정과 다르게 움직일 확률이 높기 때문에 예측이 틀릴 개연성이 더 큰 것입니다.

나심 탈레브가 『블랙 스완』에서 말한 0.1% 확률의 충격적인 사건, 즉 검은 백조가 나타나면 예측 자체가 무력해질 수밖에 없습니다. 투자의 세계도 시장이 합리적이고 효율적으로 움직이지 않고 야성적 충동에 의해 변동하기 때문에 치밀한 분석이 반드시 성공투자를 보장해주지는 않습니다. 예측이 빗나가기 때문에 경제학이 쓸모없다는 경제학 무용론을 말하는 것은 절대 아닙니다. 경제학도 변화무쌍한 현실의 세계에서는 한계를 가질 수밖에 없다는 것을 그들의 투자 실패 사례를 통해 말씀드린 것입니다.

튤립버블, 경제위기 부르는 인간의 본성

지난 2007년부터 시작된 글로벌 금융위기가 그 터널의 끝자락에 온 것 같습니다. 곤두박질하기만 했던 경제지표들이 잇따라 '바닥 끝, 회복 시작'을 알리고 있습니다. 금융시장도 분위기가 좋은 편입니다. 물론 고실업 문제나 중국 경제의 향방 등 불안 요인이 완전히 가신 것은 아니지만, 적어도 경기가 더 이상 나빠지지 않을 것이라는 게 경제 전문가들의 공통된 의견입니다.

미국 주택시장의 버블이 금융시장으로 번지면서 발생한 이번 경제위기의 원인을 놓고 본질적으로 인간의 탐욕이 위기의 불을 지핀 불쏘시개가 됐다는 분석이 지배적입니다. 개인들은 능력이 되지 않는데도 빚을 끌어대 집을 사고, 금융기관들은 돈만 벌겠다는 목적으로 이 부실한 대출을 담보로 도미노처럼 얽힌 복잡한 금융상품을 신상품으로 위장해

만들어냈습니다. 사상누각인 이 시스템이 무너지자 전 세계가 '울며 겨자 먹기' 로 불황의 화마에 휩싸인 것입니다.

이번 위기가 진정 국면에 접어든 지금 질문을 던져봅니다. 세계 경제는 앞으로 이 같은 위기를 되풀이하지 않을까요? 만약 위기가 또 온다면 이번에는 어떤 형태의 위기가 올까요?

이와 관련해 그린스펀 전 미국 FRB 의장이 2009년 9월에 방송된 영국 BBC 방송과의 인터뷰에서 의미 있는 이야기를 했습니다. 그린스펀은 '위기의 원인은 투기를 좇는 인간의 본성이기 때문에 또 다른 위기가 올 것' 이라고 경고했습니다. 다음은 그린스펀 전 FRB 의장의 발언 내용입니다.

위기는 다시 올 것이지만 형태는 다를 것이다. 하지만 기본적으로 공통된 원인이 있다. 사람들은 충족되지 않는 본성이 있어 경기가 호황에 진입하면 이것이 계속될 것이라고 믿고 투기적 행위를 하게 된다.

Crisis will happen again but will different. They are all different but they have one fundamental source. That is the unquenchable capability of human beings when confronted with long periods of prosperity to presume that it will continue and they begin to take speculative accesses.

인간의 본성이 바뀌지 않는 한 경제위기는 계속될 것이라는 게 그의 주장입니다. 실제로 역사를 거슬러 올라가보면 투기성향의 인간 본성 때문에 어처구니없는 일들이 일어났습니다. 17세기 초, 네덜란드에선 콘스탄티노플에서 건너온 튤립 투기가 일어나 튤립이 집 한 채 값보다 비싼 웃지 못할 일이 벌어졌습니다. 마침내 이 튤립버블이 터져 사회 경제 전체가 큰 혼란을 겪습니다.

18세기 초, 영국에서는 해외무역권을 독점한 South Sea라는 회사가 실제로는 별다른 실적을 올리지 못하고 있는데도 이 회사 주식에 투기 붐이 일어났습니다. 그러다가 주가가 폭락하자 파산자가 속출하는 일이 일어납니다. 이른바 남해버블 사건입니다.

그렇다면 불가피하게 위기를 반복하게 하는 우리 인간의 본성은 무엇일까요? 미국의 경제학자 애커로프는 이를 '야성적 충동'으로 표현합니다. 경제나 시장 상황이 좋으면 그게 계속될 것으로 잘못 알고 투기로 버블을 일으키고, 나빠지면 비관론에 휩싸여 상황을 더 악화시키는 우를 범한다는 것입니다.

경제학자 하이먼 민스키는 이를 '위험 관리의 주기'로 설명합니다. 경제가 어려울 때는 잔뜩 긴장하고 리스크를 잘 관리하다가, 상황이 좋아져 리스크가 잘 안 보이면 문제가 일어날 가능성을 낮게 보고 과도한 리스크를 떠안고 투자를 한다는 것입니다.

저는 경제의 과열과 과도한 위축이 반복되는 원인을 인간이 가진 '망각의 주기'로 설명하고 싶습니다. 욕심과 탐욕으로 버블을 일으켰다 이게 꺼지면서 모든 게 망가지면 우리는 절제가 필요하다는 큰 교훈을 얻습니다. 자숙하는 분위기는 상당 기간 이어집니다. 하지만 이는 잠시, 경기가 좋아지면 사람들은 과거의 실수를 까맣게 잊습니다. 여기에 과거 위기를 직접 겪어보지 못한 새로운 경제활동 인구들이 경제의 버블을 만드는 데 가세합니다. 그 결과 다시 버블은 터지고 우린 곤욕을 자초하게 되는 겁니다.

미래학자 앨빈 토플러는 다시 올 위기는 단발성이나 국지적으로 오는 위기가 아니라 강력한 충격으로 다가오는 글로벌 차원의 대규모 위기일 것이라고 경고합니다. 결국 사람의 욕심이 만병의 근원인 만큼 집단적 탐욕의 파괴력에 제동을 걸 장치를 찾아내는 데 지혜를 모아야겠습니다.

'야성적 충동'이 불안의 원인

증시만큼 현기증 날 정도로 오르내림이 심한 곳은 없을 겁니다. 글로벌 경기침체가 본격화된 지난해 하반기 이후 전 세계 투자자들은 시장의 극심한 변동성을 경험했습니다. 영어로는 롤러코스터, 우리말로는 청룡열차 장세를 보인 것이지요. 그런데 증시는 왜 이렇게 큰 폭의 상승과 하락을 반복할까요? 그리고 이러한 변동장세 속에서 최소한 자신의 자산을 지키고 더 나아가 자산을 불려나갈 수 있는 방법은 무엇일까요? 이에 대한 답을 『야성적 충동』이라는 책 내용을 중심으로 풀어나가 봅니다.

이 책은 2001년 노벨 경제학상 수상자인 미국 캘리포니아 버클리대학 교수인 조지 애커로프와 주택가격지수를 개발한 예일대 교수인 로버트 실러, 이 두 명의 대가가 공동 저술한 책입니다. 경기와 증시, 부동산 시장의 변동 등 경제 현상을 인간의 비경제적인 본성인 '야성적 충동'으로 설득력 있게 설명하고 있습니다.

먼저 '야성적 충동'이란 용어는 무슨 의미일까요? 야성적 충동은 경제사상가 케인즈가 가장 먼저 사용한 말입니다. 사람들이 합리적 판단에 근거해 경제활동을 하는 것이 아니라 즉흥적인 예감과 같은 야성적 충동에 의해 의사결정을 한다는 것입니다. 예를 들어 경기가 좋을 때는 사람들이 강한 믿음을 갖고 직관적으로 성공을 예감해 충동적인 의사결정을 합니다. 그 결과 경기가 과열로 치닫습니다. 하지만 자신감이 사라지면 분위기는 거꾸로 바뀝니다. 그래서 자본주의의 창의성이 온전히 발휘되는 무대를 제공하되 야성적 충동이 야기하는 과잉을 통제해야 한다는 게 저자들의 주장입니다.

금융시장은 왜 심한 변동성을 보일까요? 증시 주변에는 주가를 예측하는 전문가들이 수없이 많습니다. 나름대로 미래의 수익, 배당금, 금리 등 변수를 가지고 주가의 향방을 점쳐봅니다. 애커로프와 쉴러, 이 두 명의 대가는 주가에 대한 기존의 이 같은 진단 방식에 대해 극단적인 평가를 합니다. 한마디로 모두 진실이 아니라는 겁니다. 이들은 주장합니다. "주가가 미래수익에 대한 정보를 반영한다고 가정하는 것은 형편없는 기상예보관을 고용하는 것과 같다. 주가가 경제 펀더멘털에 기반을 두고 미래수익에 대한 예측을 반영한다는 말은 기각되어야 한다."

저자들의 설명은 이렇습니다. 주가도 합리적 근거가 아닌 비합리적인 야성적 충동에 의해 결정된다는 겁니다. 주가가 오르면 사람들이 더 큰 자신감을 갖게 되고 주가를 더 끌어올리지만, 결국 거품은 지속될 수 없어 터지고 만다는 것입니다. 그러면 사람들은 다시 지나칠 정도로 자신감을 잃게 되고 주식을 팔아치워 주가가 과도하게 내린다는 것이지요. 이러니 지표로 주가를 분석하는 것이 맞을 수 없다는 주장입니다.

문제는 이 같은 자산가격의 투기적 현상이 실물경제에 영향을 미쳐 시장에 참가한 사람뿐만 아니라 그렇지 않은 사람에게도 부정적인 영향을 미친다는 점에 있습니다. 가령 거품 붕괴로 인해서 한 번도 주식거래를 해본 적 없는 캐터필러 트랙터 공장의 작업 반장이 갑자기 일자리를 잃을 수 있다는 것입니다. 실제로 미국 월가의 돈놀이가 가져온 재앙이 전 세계로 퍼지면서 우리나라에서도 아무 잘못도 없는 근로자들이 하루아침에 직장을 떠나야 하는 일들이 벌어지고 있지 않습니까? 애커로프와 쉴러 두 사람은 야성적 충동이 야기한 이 같은 자본주의의 과잉으로부터 대중을 보호해야 한다고 강조합니다. 금융소비자를 보호하는 등 금융시장에 대한 규제가 필요하다는 주장입니다.

최근 오바마 행정부가 발표한 금융개혁 조치의 철학은 공교롭게도 이 책의 주장과 궤를 같이 합니다. 월스트리트의 금융 과잉에 강화된 규제망을 씌워 메인스트리트(Main Sreet)인 국민을 보호하겠다는 것입니다. 금융에 대한 세계적인 규제 강화의 추세 속에서 시장에 대한 우리의 시각도 교정이 필요한 시점이 다가오고 있습니다.

큰 은행이 좋은 은행은 아니다

전직 고위관료들의 모임에 참석한 적이 있습니다. 전직 장관 한 분이 말했습니다. 자신은 자유시장경제를 신봉하는 사람인데 이번 금융위기를 보면서 금융에 관한 한 생각이 바뀌었다는 것입니다. 그는 금융기관들의 탐욕 때문에 많은 사람들이 고생하는 것을 보고 이 같은 잘못을 되풀이하지 않기 위해 금융만큼은 감독과 규제를 강화해야 한다는 생각을 하게 됐다고 말했습니다. 일부 반대 의견을 가지신 분도 계시겠지만 공감이 가는 이야기입니다.

금융은 말 그대로 자금을 빌리고 빌려주면서 경제에 돈이 돌게 하는 기능을 수행합니다. 실물경제가 잘 돌도록 지원하는 것이 금융 기능의 가장 주된 역할이라고 할 수 있습니다. 그런데 어느 순간엔가 금융이 실물과 떨어져 자체 성장논리를 갖게 되면서 문제가 싹트기 시작했습니다. 서브프라임 사태에서 보듯 금융기관들은 돈만 벌면 된다는 생각으로 하나의 주택담보대출을 가지고 복잡한 파생금융상품을 만들어 파는 돈놀이를 했고, 이 때문에 전 세계가 불황의 심한 몸살을 앓고 있는 것입니다.

과잉금융이 경제 파탄의 불씨였던 만큼 우리에게는 금융을 실물경제 지원이라는 제자리로 돌리는 과제가 주어져 있습니다. 미 행정부가 금융기관이 너무 덩치가 커질 경우 감독을 더 강화하는 방안을 추진하고 있는가 하면, 유럽에서는 금융기관 경영진의 급여가 너무 많다고 판단해 이를 낮추는 방안을 추진하고 있습니다.

그런데 문제가 생겼습니다. 경기가 회복 기미를 보이면서 금융에 대한 규제 강화의 목소리가 슬그머니 꼬리를 내리는 모습입니다. 생존의 위기까지 몰렸다 숨을 쉬게 된 금융기관들은 규제가 더 많이 생기는 것을 막기 위해 강력한 로비전을 펼치고 있습니다. 오바마 미국 대통령이 2009년 9월 14일 미국 금융기관들이 과거의 무책임한 상태로 되돌아가려 하고 있다고 강력 경고한 것은 이 같은 상황에 제동을 걸기 위한 것으로 보입니다. 다음은 오바마 미국 대통령의 발언 내용입니다.

> 상황이 정상으로 돌아가기 시작했다. 하지만 강조하고 싶은 점은 정상으로 복귀가 방임을 의미하는 것은 아니라는 사실이다. 불

행하게도 지금 이 순간 금융기관에서 상황을 오판하고 있는 사람들이 일부 있다. 리먼 사태와 금융위기로부터 교훈을 얻지 않고 그 교훈을 무시하고 있다. 분명한 것은 그들이 자신뿐만 아니라 미국을 위태롭게 할 것이라는 점이다.

"We're beginning to return to normalcy. But here's what I want to emphasise today: normalcy cannot lead to complacency. Unfortunately, there are some in the financial industry who are misreading this moment: instead of learning the lessons of Lehman and the crisis from which we're still recovering, they're choosing to ignore those lessons. I'm convinced they do so not just at their own peril, but at our nation's."

이번 금융위기를 거치면서 또다시 문제가 제기된 것은 대형 금융기관들이 말썽을 일으킬 경우, 국가 경제 전체가 너무 많은 피해를 본다는 점입니다. 그래서 금융기관이 크다고 무조건 좋은 것이 아니라는 반성이 제기되고 있습니다.

2009년 6월, 우리나라에서는 윤용로 기업은행장이 한 모임에서 은행들이 대형화를 한다고 해서 강한 은행이 되는 것은 아니라고 말했습니다. 그는 경쟁력 있고 독창적인 은행을 만드는 것이 중요하다는 점을 강조했습니다. 맞는 말입니다. 우리나라 은행들은 그동안 인수합병을 통해 규모를 키워왔습니다. 하지만 한국은행의 연구결과를 보면 합병은행이 더 효율화되지는 않은 것으로 나타났습니다. 소비자 입장에서도 은행의 덩치가 커졌다고 해서 대출 금리나 수수료가 더 낮아졌다는 것을 느낄 수 없는 게 현실입니다. 또 금융 혁신은 작은 은행에서 오히려 더 잘 일어날 수 있습니다.

이제 우리는 분명한 선택을 해야 하는 시점에 있습니다. 금융이 실물과 분리된 상태로 과도하게 크는 것을 방지해야 합니다. 또다시 금융기관의 불장난으로 경제 전체가 결딴나는 악순환을 되풀이해서는 안 되기 때문입니다. 금융의 주 기능을 실물 지원으로 되돌리고 무분별한 대형화에 제동을 거는 것이 전체 경제의 안정을 담보하는 필요충분 조건입니다.

자녀교육보다 노후 준비하라

우리나라는 노령화 속도에 관한 한 올림픽 금메달감입니다. 통계청이 발표한 자료를 보면, 인구 10명 중 65세 이상의 비율이 현재 1명인데, 앞으로 40년 뒤인 2050년에는 4명이 된다고 합니다. 80세가 넘는 노인도 10명 중 1명을 넘게 됩니다. 말 그대로 노인 국가가 되는 셈입니다. 제 나이가 40대 후반인데 아마 그때쯤이면 '젊은이' 소리를 듣고, 어딜 가도 말석에 앉는 신세가 될 것 같습니다.

이같이 빠른 노령화 추세에 대해 어떻게 생각하십니까? 노후 준비가 이미 잘돼 있거나 잘하고 있는 사람들이라면 수명이 길어지는 데 대해 부담을 덜 느낄 겁니다. 하지만 대부분의 사람들은 아무래도 노후 준비에 대한 걱정이 적지 않을 것입니다. 먹고 입는 건 그렇다 치고 나이가 들수록 병원에도 자주 가고 나름대로 품위를 잃지 않는 생활을 해야 할 텐데, 충분한 돈을 모으기가 쉽지 않기 때문입니다.

노후에 대한 고민은 동서양을 가리지 않는 것 같습니다. 최근 미국의 투자전문 정보 사이트인 인베스토피디아(http://www.investopedia.com)에 미국인들의 걱정거리를 엿볼 수 있는 글이 실렸습니다. '자식들에게 가르쳐야 할 은퇴에 대한 교훈' 이라는 제목의 글인데요. 우리의 사정과 크게 다르지 않아 소개합니다.

노후준비 원칙 1: 교육비 팍팍 쓰다 노후는 막막!

자식 교육비 쓰느라 노후 자금까지 희생하지 말라! 이런 경고가 나오는 걸 보면 미국이나 우리나라 모두 과도한 교육열은 마찬가지인가 봅니다. 이 글을 보면 미국 부모들 역시 자식들의 교육비를 대기 위해 대출까지 받는 일이 적지 않은 것 같습니다. 빚을 내서 자식 교육시킨 후 이 빚을 갚아나가느라 결국 노후까지 망친다는 것입니다.

있는 돈 없는 돈 써가며 사교육비 대느라 허리가 휘고, 대학 보내고 유학 보내고, 그것도 부족해 이젠 취업 사교육까지 시켜야 하는 세상. 그러다 보니 어느 날 갑자기 '내 노후는 누가 책임지나' 하며 막막해지는 우리나라의 부모님들도 충분히 공감이 되시는 이야기일 겁니다. 다시 한 번 말하지만, 자식 교육 때문에 자신의 노후까지 희생시키지는 마십시다!

노후준비 원칙 2 : 젊어서 빚, 늙어서 고생!

젊었을 때 빌린 과도한 빚 때문에 노후에 고생하지 마십시다. 자신이 감당하기 어려울 정도의 빚을 내면 노후에 이자와 원금을 갚아나가느라 정작 급한 데 쓸 돈이 줄어듭니다. 신용도도 나빠져 내야 할 이자가 더 많아지는 악순환에 빠질 수 있습니다. 경제활동을 하고 있을 때 부채 규모와 신용도를 잘 관리하는 것이 중요다하는 말입니다.

노후준비 원칙 3 : 당장 노후 투자를 시작하라

보통 사람들은 노후를 먼 훗날의 일로 생각합니다. '살다 보면 어떻게 되겠지' 하고 대책 없이 살아가는 경우가 많습니다. 그런데 중요한 것은 은퇴 이후의 생활에 대비하기 위해 당장 일정액 이상을 매달 저축해나가야 한다는 것입니다. 당장은 쓸 돈이 줄겠지만 노후에 쓸 수 있는 가처분 소득을 늘리는 지혜로운 결정입니다. 고개가 끄덕여지는 대목입니다.

'노세 노세 젊어서 노세, 늙어지면 못 노나니' 하는 노래 가사, 이젠 옛날 이야기입니다. 젊어서 덜 놀아야 노년이 되어서 안락한 생활을 할 수 있습니다. 적금이든 연금이든 보험이든 노후에 쓸 돈, 지금부터 모아 둡시다.

노후준비 원칙 4 : 몰빵 투자의 유혹을 피하라

노후자금을 준비한다며 여유자금을 주식에만 투자한다거나 또는 한 종목을 집중 매입하는 것은 위험천만한 일입니다. 주가가 크게 내릴 경우 노후생활 자체가 불행해질 수 있습니다. 주식과 채권, 예 · 적금, 부동산 등으로 포트폴리오를 잘 분산시켜 한쪽의 손실을 다른 쪽의 차익으로 메워나갈 수 있는 여지를 가져야 합니다. 투자의 기본 원칙입니다.

노후준비 원칙 5 : 오래 일하라

무엇보다 오래 일하는 것이 중요합니다. 은퇴 시기를 늦추면 늦출수록 노후 자금을 더 모을 수 있습니다. 모아놓은 돈을 꺼내 쓰는 시기도 줄일 수 있는 것은 물론입니다. 맞긴 맞는 말이긴 한데, 직장생활 오래 한다는 게 자기 뜻대로 되는 일이 아닌 점이 바로 문제입니다. 그래도 최대한 노력은 해봐야 하지 않겠습니까? 기나긴 은퇴생활의 방향이 달려 있으니까요.

은퇴가 단판에 이뤄지는 게 아니라 단계적으로 일어나는 것도 바람직합니다. 퇴직 후에도 파트타임 등의 일을 찾아 돈을 버는 기간을 최대한 늘려야 합니다.

이 같은 노후준비 5원칙은 미국 사람이나 우리나 같은 고민을 안고

있음을 말해주며, 그들의 준비 원칙은 우리에게도 그대로 적용될 수 있을 것 같습니다. 사실 따져보면 당연한 말들입니다. 하지만 이를 알고 실천하는 것과 실천하지 않는 것은 나중에 노년이 됐을 때 큰 차이를 가져옵니다. 이젠 노후도 유비무환의 정신으로 준비해야 하는 시대가 됐습니다.

"내가 늙었을 때 난 넥타이를 던져버릴 거야. 양복도 벗어 던지고, 아침 여섯 시에 맞춰 놓은 시계도 꺼버릴 거야. 아첨할 일도, 먹여 살릴 가족도, 화낼 일도 없을 거야"

미국의 철학자 드류 레더의 말입니다. 우리 모두 노후준비 잘해서 이 말처럼 살아보면 어떨까요?

여인천하, 남성 수난시대

국민 드라마로 등극한 〈선덕여왕〉. 선덕여왕은 가부장적인 문화가 강한 우리나라의 오천 년 역사에서 최초의 여성 임금이자 신라의 제27대 왕이었습니다. 여자가 왕이 됐다는 사실도 놀랍지만, 김춘수와 김유신 같은 인재를 발탁하는 용인술로 삼국통일의 대역사를 만들어낸 큰 리더십이 드라마로 그려지고 있습니다.

사실 선덕여왕까지 가지 않아도 요즘 사회 각 분야에서 여성들의 파워가 대단하지요. 고시든 입사시험이든 여성들이 상위권을 독차지하고 여성 장관, 여성 사장을 언급하는 것도 새삼스러운 일이 아니게 됐습니다. 회사에서 신입사원을 뽑을 때에도 사실 필기시험 상위권은 여성들이 휩씁니다. 남성들 체면이 말이 아니지요. 면접을 해봐도 역시 언어구사 능력이나 순발력은 여성이 뛰어납니다. 이런 여성들과의 경쟁에서 살아남아 신입사원으로 선발된 남성들이라면 축하받을 만도 합니다.

그런데 금융 분야에서도 여성이 남성보다 뛰어난 성과를 올리고 있다고 합니다. 주로 미국에서 나온 연구결과인데, 투자성적표를 보면 남성보다 여성투자자의 수익률이 더 높다고 합니다. 남성들은 자기 확신이 강해 '샀다 팔았다'를 더 자주하다 보니 수수료만 내고 실제 실적은 여성보다 초라하다는 것입니다. 다른 보고서는 여성 CFO가 성사시킨 인수합병 딜의 수익률이 남성보다 높게 나타났다고 밝히고 있습니다. 남성들 점점 불안해지지요?

영국의 경제정책연구센터 CEPR은 최근 알바니아 은행들이 해준 대출 3만 1천 건을 대상으로 조사한 결과를 발표했는데요. 이 연구결과 역시 우수한 여성, 열등한 남성을 이야기하고 있습니다. 일단 여성이 돈을 빌려갈 경우 부실화될 확률이 남성 차입자보다 3.9% 낮다는 것입니다. 여성의 신용도가 더 높다는 이야기이지요. 더 나아가 여성 은행원이 심사한 대출은 남성 은행원이 심사한 다른 대출보다 부실 확률이 4.5%나 낮다고 합니다. 돈을 빌려간 사람이 남성이든 여성이든 관계없이 남성 은행원이 은행에 더 손실을 끼치고 있는 것이지요.

이런 결과가 나타나는 이유는 무엇일까요? 여성이 남성보다 더 위험회피적이기 때문에 대출 심사나 사후 관리를 더 꼼꼼히 했을 것이라는 분석이 지배적입니다. 남성이 상대적으로 더 치밀하지 못하다는 얘기가 되겠네요.

스위스에서는 2009년 11월에 대통령과 내각, 국회 등 국가 수뇌가 모두 여성으로 채워지는 일이 생겼습니다. 대통령과 상원의장, 하원의장, 내각 사무처장을 포함한 네 자리를 모두 여성이 맡게 된 것입니다. 대통령을 포함한 여덟 명의 각료 중 절반인 네 명이 여성인 셈입니다. 여인천하라고 부를 수 있을 정도이지요.

사실 남성과 여성은 뇌 구조부터 다르다고 합니다. 우리 뇌에는 좌뇌와 우뇌를 이어주는 다리, 즉 뇌량이 있는데요. 이 뇌량의 끝 부분이 여성이 남성보다 크다고 합니다. 그래서 여성은 좌뇌와 우뇌의 협조가 남성보다 훨씬 더 잘 된다는 것이지요.

부부싸움 해보신 분들은 아시겠지만 말싸움은 여성에게 당할 수가 없지요? 여성은 말할 때 좌뇌와 우뇌, 다시 말해 오른손 왼손을 다 씁니다. 남성은 좌뇌와 우뇌를 분리해서 한 번에 하나밖에 못 씁니다. 그러니 결과는 시작부터 정해져 있는 셈입니다. 남성 완패이지요. 이런 뇌 구조의 차이가 금융업에서 여성이 남성보다 더 우수한 성과를 올리는 이유인지도 모르겠습니다.

존 그레이는 저서 『화성에서 온 남자 금성에서 온 여자』에서 말합니다. "남성은 목표 지향적이고 여성은 관계 지향적이다." 그러다 보니 문제가 생기면 남성은 혼자 생각하는 동굴로 들어가지만, 여성은 다른 사람과 이야기를 통해 해결하려고 하는 큰 차이가 있다고 합니다. 그래서 이런 차이를 존중하고 실천하는 것이 중요하다는 겁니다.

금융에서 여성이 남성보다 우수한 성과를 올리고 있다고 하지만, 결국 더 좋은 세상, 더 행복한 가정을 위해서는 남성과 여성의 협력이 필요하다는 점, 강조해도 지나침이 없겠지요. 남성과 여성, 서로를 대체하는 경쟁재가 아니라 서로 꼭 필요한 보완재로서 '멋진 조화'를 이루길 바랍니다.

운동과 체중 사이의 비밀

건강과 체중 감량을 위해 헬스클럽 회원권을 끊었지만, 제대로 다녀 보지도 못한 분들 많으실 겁니다. 저도 큰맘 먹고 살을 좀 빼려고 3개월 회원권을 끊었다가 한 달도 채 못 다닌 경험이 있습니다. 돈은 좀 아깝지만 살을 빼 날씬해지고 싶은 마음 때문에 회원권까지 끊은 것이지요.

그런데 운동이 몸에 좋다는 권고는 사실일까요? 오래된 명제일 것 같지만 사실은 그렇지가 않습니다. 6,70년대만 해도 의사들은 오히려 무리한 운동이 건강에 해롭다는 경고를 했습니다. 운동이 건강에 좋다는 생각이 일반화되기 시작한 것은 그리 오래 전의 일이 아닙니다. 실제로 운동은 심장질환이나 암, 당뇨 같은 질병의 발병 가능성을 낮추는 효과가 있습니다. 문제는 운동이 체중을 줄이는 데 정말로 효과가 있는가 하는 점입니다.

한번 네이버의 지식인에 들어가셔서 운동과 체중과의 관계에 대해 올려놓은 글들을 보십시오. 운동을 했는데도 체중이 줄기는커녕 오히려 늘었다고 말하는 사람들이 적지 않습니다. 사실 이들의 말은 최근의 연구결과와 정확하게 일치합니다. 학자들은 운동이 체중 감량을 가져온다는 일반적 인식이 과장돼 있다고 주장합니다. 아예 운동 무용론을 주장하는 학자도 있습니다. 왜 그럴까요?

운동이 칼로리를 태워 체중을 줄이는 데 도움이 되는 효과는 분명히 있습니다. 문제는 운동이 식욕을 자극해 더 많이 먹게 만드는 부정적 효과도 있다는 데 있습니다. 2009년에 미국 타임지가 보도한 한 연구결과는 매우 흥미롭습니다. 여성들을 상대로 6개월 동안 일부는 운동을 하게 하고 나머지는 평상시와 똑같은 활동을 하게 했습니다. 다만 실험에 참가한 모든 사람들은 한 달에 한 번씩 건강 상태를 조사하는 설문서를 작성하도록 했습니다.

조사결과가 흥미롭습니다. 모두 평균적으로 체중이 빠지기는 했는데 운동을 안 한 사람들이 더 체중이 빠졌습니다. 운동을 안 한 사람들은 자신이 조사 대상이라는 사실을 의식해 식사량을 조절했기 때문인 것으로 풀이됩니다. 그러면 정작 운동을 한 사람들은 왜 살이 별로 빠지지 않았을까요?

이들은 조사가 시작되기 전보다 더 많은 음식을 먹고 운동 이외 시간의 활동량을 줄인 것으로 나타났습니다. 결국 운동이 감량에 그다지 도움이 되지 않는다는 것입니다. 운동으로 2백 칼로리 정도를 소모한 후 머핀과 게토레이를 먹는다고 생각해보지요. 머핀만으로도 칼로리 소모량의 절반을 채웁니다. 게토레이는 130칼로리 정도가 됩니다. 결국 운동으로 200칼로리 정도를 태운 다음 이보다 많은 230칼로리를 섭취했으니 결과는 뻔하지요. 차라리 운동을 하지 말고 소파에서 쉬는 게 나을 뻔했다는 이야기가 됩니다.

그렇다고 운동 무용론을 주장하는 것은 아닙니다. 운동은 분명히 건강에도 도움이 되고, 정신적 건강과 인지적 기능을 개선시키는 데도 긍정적 영향을 줍니다. 다만 여기에 필요한 운동이 땀을 뻘뻘 흘리며 하는 식의 격렬한 운동이냐 아니면 집 주변을 산책하고 계단을 오르는 정도의 가벼운 운동이냐 하는 것입니다.

타임지의 결론은 이렇습니다. 격렬한 운동은 식욕을 유발해 오히려 살이 찌게 한다, 가벼운 운동이 바람직하다, 무엇보다도 체중을 줄이는 데는 무엇을 얼마만큼 먹느냐가 더 중요하다는 것입니다. 여러분도 이 결론을 마음에 새겨두셨다가 실천에 옮겨보시지요. 더욱 건강하면서도 날씬한 몸매를 갖게 되시기를 기원합니다.

3

경제 게임의 진정한 승자는?

세계 경제, 도덕으로 개혁하라

금융위기를 계기로 세계 경제에 새로운 질서가 모색되고 있습니다. 시장과 개별 경제 주체의 자율에 많은 것을 맡기는 신자유주의의 흐름이 결국 인간의 탐욕에 제동을 걸지 못한 채 세계 경제 전반에 큰 상처를 남긴 만큼 새로운 경제질서가 필요하다는 공감대가 폭넓게 형성되고 있는 것입니다. 이런 상황에서 삼성경제연구소의 곽수종 박사가 펴낸 『경제독법』은 다양한 통계와 사례를 제시하며 설득력 있는 경제 청사진을 제시합니다.

이 책에서 가장 눈이 띄는 점은 세계 경제가 도덕주의적 개혁에 들어갈 것이라는 저자의 말입니다. 저자는 세계 경제의 핵심 축이 기존의 3대축인 '교역, 금융, 물가'에 더해 '도덕(환경)'이 추가될 것이라고 내다봅니다. 월가의 탐욕이 불쏘시개가 된 이번 금융위기로 인해 정부와 기업의 도덕성이 강조되는 사회정의 개념이 새롭게 구축될 것이라는 이야기입니다. 이런 상황에서 한국이 21세기 후기 문명사회의 건전한 일원이 되기 위해서는 '도덕적 사회질서'를 근간으로 해야 한다고 저자는 주장합니다. '가진 자와 정치인을 설득해 협력 중시의 공동체와 따뜻한 정부를 지향해야 한다'는 것입니다

다음으로 제조업과 금융 등 산업 판도에 대변화가 예고됩니다. 먼저 천덕꾸러기 신세로 전락한 금융에 대해 이야기합니다. 그는 은행은 전통적인 예금 대출 업무에 더 집중할 것이고, 금융에 대한 규제가 강화될 것이라고 전망합니다. 중앙은행의 금융기관에 대한 규제와 관리가 더 강해질 것이라는 말입니다. 하지만 한은에 공동검사권을 부여하는 문제를 놓고도 힘겨루기가 진행 중인 우리나라의 사정을 보면, 이것은 미국과 유럽 등 다른 나라 이야기로 들립니다.

특히 금융규제 문제에 있어서도 우리나라는 아예 논의 자체가 거의 없는 상황입니다. 자본시장통합법과 금융허브 등 기존 정책은 월가 금융기관을 벤치마킹해 우리도 금융기관의 덩치도 키우고 금융시장을 성장동력으로 삼자는 전략에 다름이 아니었습니다. 그런데 우리가 좇는 벤치마킹 대상이 허상임이 드러났는데도, 금융이 고삐가 풀릴 경우 경제에 재난을 가져오는 도화선이 될 수 있다는 경고음이 울렸는데도, 금융정책의 획기적 전환에 대한 논의 자체가 시동을 걸지 못하고 있는 것

이 안타까운 우리 현실입니다.

금융이 성장엔진으로 바람직하지 못하다는 사실이 드러난 만큼 제조업 중심의 국가간 경쟁이 치열해질 것이라는 게 저자의 진단입니다. 위기 후 등장할 새로운 자본주의는 금융이나 펀드자본주의가 아니라 제조업에 초점이 맞춰질 것이라는 이야기입니다. 제조업 중에서는 녹색산업이 신성장 동력으로 주목을 받습니다. 특히 '주주가치 극대화 경영은 정신나간 짓이었다'는 잭 웰치의 말처럼 주주자본주의가 퇴색하고 배당 중심의 부의 분배체제도 저물고 있다는 파격적인 주장도 제기됩니다. 그러나 제조업 중심의 성장시대가 복귀한다고 해도 '일자리 없는 성장(jobless growth)'의 문제에 대한 처방이 무엇일지에 대한 언급이 없다는 것이 이 책의 아쉬움으로 남습니다.

다음은 미국과 중국을 중심으로 한 세계 경제의 판도 변화를 보는 관점입니다. 두말할 나위없이 미국의 힘이 빠지고 중국의 발언권이 강화됩니다. 그러나 세계인구의 4.5%, 세계 GDP의 28%를 차지하는 미국의 독주는 계속된다는 것이 이 책의 분석입니다. '중국은 아직 타인에 대한 개방성을 보여주는 솔선수범을 통해 확신의 강한 에너지를 창출하기엔 역부족'이라는 것입니다.

기축통화 문제를 보면 달러의 위치가 다소 약화되겠지만 이를 대체할 다른 통화는 눈에 띄지 않습니다. 경제가 개방되고 금융시장이 발달

되는 등의 조건을 미국만큼 갖춘 나라가 아직은 없기 때문입니다. 달러화의 지위에 의문을 제기하고 있는 중국이 과연 달러화를 처분할 수 있을까요? 절대 불가능합니다. 그 경우 달러가치 급락으로 자국이 보유하고 있는 달러 자산가치도 급락해 큰 손실을 보고, 역으로 위안화가 큰 폭으로 절상돼 수출 타격도 불가피하기 때문입니다. 중국이 왜 스스로 자살골을 넣겠습니까? 최근 중국 고위관리들이 잇따라 기축통화로서의 달러화의 지위에 문제를 제기하는 것은, 겉으로는 위안화도 기축통화 지위를 인정하라는 것이지만 속내는 중국의 패권을 인정받겠다는 것이라고 곽수종 박사는 말합니다.

이 책은 현재의 세계 경제의 흐름과 전망을 짚어보는 데 많은 도움이 됩니다. 다만 세계 경제에 초점이 맞춰지다 보니, 한국 경제의 생존전략과 관련해서는 녹색성장 등 총론만 스치고 갔다는 느낌은 지울 수가 없습니다.

미국 군기 잡는 중국의 야심

역사의 수레바퀴를 15세기로 돌려봅니다. 당시 유럽의 인구는 5천만 명 정도였습니다. 이에 비해 명 제국 시절, 중국의 인구는 이미 1억 3천 명에 달했다고 합니다. 이 당시 명 제국은 정화 제독으로 하여금 일곱 차례에 걸쳐 장거리 해외 원정을 하게 합니다. 수백 척의 배에 수만 명을 태운 이 함대는 인도양을 거쳐 아프리카까지 진출해 해당 지역의 산물을 가져오고, 천자(天者)를 인정하지 않는 종족의 추장을 강제로 데려오기도 했습니다.

그러나 1433년 원정을 마지막으로 중국의 해외 원정은 막을 내렸으며, 아예 두 개 이상 돛을 가진 배는 없애라는 명령까지 떨어집니다. 북방 몽고족의 압력 때문에 바다 밖 바깥을 볼 여유가 없어진 데다 보수적인 유교 관리들이 해외로의 팽창을 못마땅하게 여겼기 때문입니다. 그

뒤 오랜 시간 동안 중국은 전형적인 내부 지향적 나라로서의 틀을 유지해옵니다. 역사에는 가정이 있을 수 없지만, 당시 막강한 해군을 앞세운 중국의 해외 진출에 제동이 걸리지 않았다면 세계 역사의 판도는 크게 달라졌을지도 모릅니다.

금융위기를 계기로 중국의 기세가 날로 등등합니다. 경제위기의 지뢰밭에서 허우적대온 미국의 위상이 떨어지는 만큼 중국의 목소리는 커지고 있습니다. 위기의 영향권에서 어느 정도 비켜선 데다 위기 돌파의 동력을 중국이 제공해줄 수 있을 것이라는 기대감도 높아지고 있습니다.

그러면 세계 경제에서 중국의 영향력은 어느 정도일까요? 중국의 국내총생산 GDP는 2008년 기준으로 7억 8천만 달러로 세계 3위 수준입니다. 특히 2조 달러 수준의 외환보유액은 세계 최대 규모로 전 세계 국가들이 가진 외환보유액의 절반을 차지하고 있습니다. 또한 중국은 2009년 3월 말 현재 8천억 달러의 미국 국채를 보유하며 세계 최대의 '미국 돈줄' 역할을 하고 있습니다. '팍스 차이나'를 향해 나아가고 있는 중국의 질주가 감지됩니다.

중국은 금융위기 이후 미국의 재정적자 폭이 눈덩이처럼 불어나며 달러화의 가치가 추락하자, 달러가 불안하다며 국제 상거래나 금융거래에 주로 쓰이는 기축통화(Key Currency)를 달러화에서 국제통화기금 IMF가 발행하는 특별인출권 SDR로 바꾸자고 기축통화 논란에 불을 지펐습니다. 이와 동시에 국제 무역거래를 위안화로 결제하는 비중을 높이는 등 위안화의 위상을 높이기 위한 움직임도 본격화했습니다. 중국은 또 달러화에 대한 의존도를 낮추기 위해 오는 2020년까지 상해에 금융센터를 짓겠다는 야심 찬 계획도 추진하고 있습니다.

중국의 이 같은 움직임은 표면적으로는 더 이상 믿을 수 없는 달러화를 기축통화에서 밀어내기 위한 것으로 보일 수 있습니다. 하지만 내면을 들여다보면 상황은 그리 간단치가 않습니다. 중국의 진의는 오히려 미국의 힘이 빠지는 이번 기회에 미국의 군기를 잡고 중국의 위상을 높이겠다는 다목적의 전략적 힘겨루기의 일환으로 보입니다. 그 사연을 들여다보겠습니다.

무엇보다 국제 상거래나 금융거래에서 달러를 대체할 통화가 마땅히 없는 게 중국이 좋든 싫든 인정할 수밖에 없는 현실입니다. 달러화는 2008년 기준으로 세계 외환보유액의 64.3%, 외환거래의 43.2%를 차지하고 있으며, 국제채의 36.2%(2007년 기준)가 달러화 표시로 발행되고 있습니다. 그런데 중국이 새로운 기축통화로 삼자고 한 SDR은 세계 외환보유액의 5%에도 미치지 못하고 있으며, 개인이나 기업이 상거래나 금융거래에서 전혀 쓸 수 없어 기축통화로 언급하는 것조차 어려운 실정입니다. 게다가 SDR을 발행하는 IMF에서 미국이 16.77%로 최대 지분을 보유하며 거부권까지 가지고 있어, 결국 미국이 길목을 지키고 있는 형국입니다.

위안화는 상황이 더 안 좋지요. 위안화는 국제거래에서의 비중이 미미한 데다 중국 금융시장이 폐쇄적이고 저개발된 상태여서 중국이 금융시장을 개방하고 선진 거래 시스템을 도입하지 않는 한 위안화의 기축통화 가능성 자체를 논의하는 게 어울리지 않습니다. 위안화를 달러가치에 묶어 그 가치를 낮게 유지하면서 대규모 수출로 먹고 살아온 중국이 환율 자체가 수급에 따라 요동치는 변동환율제 시스템을 받아들여야 하는데 지금 당장 그럴 수도 없고, 설사 그 길로 간다고 해도 경제에 미치는 충격 때문에 시간이 많이 걸릴 것입니다.

다른 시나리오도 살펴볼까요? 흔히 달러가치가 불안해지면 중국이 달러화를 내다 팔고 미국 국채를 덜 사는 극단적 카드를 쓸지 모른다고 말합니다. 중국도 내심 이를 미국에 대한 압박용으로 활용하는 분위기입니다. 그러나 단도직입적으로 말해서 이것은 상상력의 나래를 편 소설일 뿐 현실화될 가능성은 매우 적다고 봅니다. 이는 중국으로서는 빈대 잡다가 초가삼간 태우는 '자해 행위'이기 때문입니다. 달러화를 내다 팔 경우 우선 달러가치가 급속히 폭락해 중국이 가진 달러표시 자산의 가치도 급격히 내려가 대규모 손실을 볼 것입니다. 달러가치가 떨어지는 만큼 위안화 절상은 불가피해 수출에도 큰 주름살이 질 것이고, 이는 바로 중국의 경제위기로 이어질 것이기 때문입니다.

중국이 미국 국채 매입을 대폭 줄이는 경우에는 어떤 일이 일어날까요? 미국 국채의 신뢰도가 땅에 떨어져 미 행정부의 재정위기가 심화될 것이고, 이는 바로 세계 경제에 다시 메거톤급 위기가 올 수 있음을 시사합니다. 이 경우 중국 경제도 이 위기의 태풍권에서 자유로울 수 없을 것입니다. 중국은 이미 이인삼각(二人三脚)으로 미국과 묶여 있습니다. 2008년 기준으로 중국은 미국에 3천 378억 달러에 달하는 상품을 수출했습니다. 따라서 미국에 대한 경제적 공격은 중국에 곧바로 큰 상처를 주게 돼 있습니다.

이렇게 보면 결국 달러화의 위상을 흔드는 중국의 목적은 중국의 커진 위상을 미국이 인정하도록 압박하는 데 있다고 보입니다. 막강한 경제력을 앞세워 미국과 중국, G2의 지도체제를 확보하려는 포석으로 해석됩니다. 미국으로서도 더 이상의 위상 추락을 막기 위해 중국을 세계 경제 운영의 주요 파트너로 인정하면서 권한도 주되, 시장 개방, 내수 확대, 위안화 절상 등 상응하는 책임을 부담시키려는 현실적 전략을 구사할 전망입니다.

500여 년 전 정화 제독의 해외 원정을 중단시켜 쇄국주의로 돌아섰던 중국이 이제는 세계 경제를 쥐락펴락하는 대국으로서 경제의 빗장을 얼마나 풀어갈지가 주목됩니다.

세계 각국의 중국 비위 맞추기

"그는 또 수많은 뜰을 건너가야 한다. 그 많은 뜰을 다 지났다 해도 새로운 계단을 만나게 되고, 다시 뜰을 지나고 또 다시 다른 궁전을 만나게 된다. 끝없이 몇백 년, 몇천 년을 계속해야 할 것이다. 황제가 파견한 사절은 결코 그곳을 빠져나갈 수 없다."

권력의 고독을 다룬 프란츠 카프카의 〈황제의 메시지〉에 나오는 '그곳' 은 바로 자금성입니다. 8백여 개의 건축물과 9천여 개의 방이 있는 곳. 10m에 이르는 높은 성벽과 50m 너비의 거대한 해자로 에워싸인 그곳을 보며 옛 중국의 '잘나가던 한때' 가 어느 정도였는지 실감할 수 있습니다.

전 이런 생각을 했습니다. 만약 내가 이 미로 같은 자금성을 찾아간 주변 약소국의 사신이었다면 셀 수 없이 많은 정원과 문을 통과하면서 그 웅장함에 기가 죽어 거의 혼이 나갈 정도였을 것 같습니다. 그러니 황제 앞에 선 각국 사절들은 '황제 찬양의 합창'을 할 수밖에 없었을 겁니다.

그런데 몇 세기가 지난 지금, 2009년 글로벌 금융위기의 와중에서 중원으로 진입하는 중국의 기세가 또 다시 느껴집니다. 한때 중원을 장악했던 미국은 안방에 난 불을 끄느라 정신이 없고, 유럽과 일본은 옆에서 밀려온 거센 불길을 잡느라 온 나라가 야단법석입니다. 그런데 중국을 보십시오. 중환자실에 가 있는 미국, 중상에 끙끙대는 유럽, 일본과 달리 경상을 싸맨 채 세계의 중심으로 부상하고 있습니다. 중국의 이 같은 힘은 세계적 디플레의 영향을 제일 적게 받고 있는 경제의 기초체력과 2조 달러에 이르는 외환보유고에서 나옵니다. 중국이 가진 미국 내 자산만 1조 4천억 달러에 달해 미국의 숨통을 죄고 있는 형상입니다.

2009년에 런던에서 열렸던 G20 정상회담의 뒷이야기입니다. 당초 고든 브라운 영국 총리는 의제 중 하나로 환경과 그린에너지 문제를 넣으려 했습니다. 그러나 화석연료를 많이 쓰고 있는 중국의 반대로 아예 환경 문제는 테이블에도 오르지 못했습니다. 대신 중국은 반보호 무역주의를 밀어붙여 주요 의제로 관철시켰습니다.

프랑스 사르코지 대통령은 어떻습니까? 2008년 12월, 중국의 항의를 무릅쓰고 티베트의 정신적 지도자 달라이라마를 만나는 과용을 보였던 그가 런던 정상회의 때는 예정에 없이 후진타오 숙소를 찾아가 티베트가 중국의 영토임을 언급했습니다.

미국의 모양새는 더 우습습니다. 가이트너 미 재무장관은 중국이 환율을 조작하고 있다고 호기 있게 얘기했다가 나중에 슬며시 꼬리를 내리기도 했습니다. 중국은 한술 더 떠 세계 기축통화를 미국 달러화에서 IMF의 SDR로 바꾸자고 공세를 펼치고 있습니다.

중국의 기세는 여기에 그치지 않습니다. 이번 금융위기로 신자유주의의 체면이 크게 구겨지면서 정부 주도의 점진적 경제개혁을 주축으로 한 중국식 경제발전 모델이 이른바 '베이징 컨센서스'라는 간판을 달고 확산될 조짐을 보이고 있습니다. 세계 각국이 자금성 앞에서 '헬로우 차이나'를 합창하고 있는 형국입니다.

그런데 중요한 것은 '중국 경제가 미국 대신 세계를 이끌 새로운 기관차가 될 수 있을까' 하는 문제입니다. 2009년에 타임지는 「중국 경제가 세계를 구할 수 있나?」라는 제목의 글을 실었는데, 그 답은 부정적이었습니다.

중국의 호전되고 있는 소비와 대출 지표가 일시적 경기부양에 의존한 것이어서 지속되기 어렵다는 것이 타임지의 진단입니다. 본질적으로는 수출 회복이 가시화되지 않는 한 중국 경기가 생기를 찾기 어려울 것이고, 이 과정에서 수입이 증가세로 돌아서야 다른 나라 경제의 회생에도 도움이 될 것이라는 지적이었습니다. 그러나 중국의 주요 시장인 미국의 내수 부진으로 '메이드 인 차이나' 제품이 미국으로 종전처럼 많이 팔려나갈 수 없고, 이 때문에 중국이 세계 경제의 구원투수 역할을 하는 것은 역부족이라는 평가도 설득력이 있다고 보여집니다.

그런데 우리 입장에서는 이웃나라인 중국의 '대국굴기'를 어떻게 봐야 할까요? 『코리아 다시 생존의 기로에 서다』란 책을 쓴 배기찬 씨는 섬뜩한 경고를 합니다. "중국은 우리에게 기회이자 위기이다. 우리가 경제적으로 세계의 선두에 서지 못하고 거대한 중국에 의존해 살아가는 순간 역사의 게임은 끝난다. 우리의 명줄을 중국에 의존하는 순간 코리아의 운명은 조선 후기로 되돌아간다."

중국 경제가 어떤 길을 걷든 미국의 쇠퇴를 배경으로 세계 2대 강국인 G2의 반열에 오를 것으로 보입니다. 한국 경제가 중국 경제라는 블랙홀의 위성국 정도로 전락하지 않기 위해서는 경제적 측면에서도 미국과 중국 사이의 적절한 줄타기와 경쟁력 강화가 긴요함을 말해줍니다.

미국 쇠퇴의 징후들

1999년, 제가 다니던 워싱턴 주립대학의 오리엔테이션이 있던 날이었습니다. 지금도 잊혀지지 않는 강사의 조언이 있었습니다. 주말이나 휴일에는 다리가 부러지더라도 죽을 정도가 아니면 응급실에 가지 말라는 것이었습니다. 병원비가 상상을 초월하니 아예 응급실일랑 잊으라는 말이었습니다.

제가 학업을 위해 미국 시애틀에 머물던 2000년경에는 아이들 영어 교육을 위해 미국인 튜더(Tutor)를 뒀습니다. 캐시라는 이름의 이 여성은 항상 허름한 옷차림에 멀리서 저희 집까지 걸어다녔습니다. 캐시는 겨울에는 감기가 심해도 병원을 다니지 않았습니다. 하루는 딱해서 병원에 가야 되는 게 아니냐고 물어보았습니다. 돌아온 답은 치료비와 약값이 비싸서 다닐 수가 없다는 것이었습니다.

이것이 제가 세계 최강국이라는 미국에서 겪은 미국 사회의 어두운 단면이었습니다. 나라는 강할지 몰라도 인간의 기본적 생존조건인 의료 서비스의 사각지대가 너무도 넓은 현실이었습니다. 워싱턴 정가에서 의료보험 개혁 문제에 대한 논란이 뜨거운 것도 결국 이런 상황 때문입니다.

겉으로 보이는 미국은 어떤 나라인가요? 미국은 국내총생산 GDP가 2008년 기준으로 14조 달러로 전 세계 GDP의 4분의 1을 차지하고 있는 경제대국입니다. 규모에서는 당할 국가가 없습니다. 중국이 패권을 공유하자고 벼르고 유럽연합 EU가 힘겨루기를 걸어와도 끄떡없는 이유입니다. 또한 달러화를 대표 통화로 인정하기 어렵다는 논란은 있지만, 세계 각국이 가지고 있는 외환 4조 2천억 달러 가운데 64%가 미국이 찍어낸 달러화입니다. 이런 나라에서 상당수 국민들이 의료비가 비싸 병원에 가지 못하는 웃지 못할 일이 일어나고 있는 것입니다.

미국의 인구는 중국의 4분의 1 수준에 불과하지만 경제 규모는 세 배 이상이나 큽니다. 그런데 '팍스 아메리카나' 라는 말이 무색할 정도로 배곯는 국민이 너무 많습니다. 미국 농림부가 내놓은 자료를 보면 말 그대로 충격 그 자체입니다. 2008년에만도 건강을 지킬 만큼의 음식조차 섭취하지 못하는 미국민들이 5천만 명에 이릅니다. 미국 인구가 3억 명이니 국민 6명에 1명 꼴로 음식이 부족한 셈입니다. 불황으로 실업자가 늘어나고 설사 취업자라고 해도 급여 수준이 낮아서 그렇다는데, 그렇다고 해도 배고픈 국민이 너무 많은 것이 사실입니다.

배고픈 미국 어린이도 적지 않습니다. 음식을 충분히 먹지 못해 배가 고파도 억지로 잠을 청해야 하는 어린이들이 1백만 명이 넘는다고 합니다. 문제는 배고픈 어린이들 문제가 2015년이나 돼야 해소될 것이라는 데 있습니다. 아프리카도 아니고 세계 최대 경제대국이라는 미국에서 일어나고 있는 국민 실생활의 현주소입니다. 오죽했으면 뉴욕타임스가 2009년 11월 18일 「미국 내 기아(Hunger in the United States)」라는 제목의 사설을 실어 미 의회가 이 문제를 해결하는 데 우선순위를 둘 것을 촉구했겠습니까?

1인당 국민소득은 4만 달러 가까이 되는데 많은 미국민들이 끼니 걱정을 하고 있다는 사실이 의미하는 것은 무엇일까요? 답은 단순 명료합니다. 부자와 가난한 국민 간의 소득 불균형이 답입니다. 실제로 고소득자와 저소득자의 임금 격차는 미국이 세계에서 가장 큽니다. 동전의 양면과 같은 이야기지만, 미국의 빈곤층 비율은 17%에 이릅니다. 스페인의 10.1%보다도 높고, 프랑스 8%, 독일 7.5%, 스웨덴 6.6%, 핀란드 5.1%를 크게 웃도는 수준입니다(참고 : 『유러피안드림』, 제러미 리프킨 저).

사정이 이렇다 보니 미국 사회에 대한 미국인 스스로의 자부심도 땅에 떨어진 모습입니다. US News &World Report는 2009년 11월 「미국이 쇠퇴하고 있는 아홉가지 징후」라는 제목의 기사에서 일자리 사정 악화, 성장 정체, 빈곤 증가 등을 지적하면서 "모든 제국은 멸망한다. 미국의 쇠락을 경고하는 신호가 보다 일관되게 깜박거리고 있다"라고 경고했습니다. 특히 빈곤 문제에 대해서는 경제협력개발기구 OECD 30개 회원국 가운데 미국보다 사정이 안 좋은 나라는 멕시코와 터키뿐이라고 꼬집었습니다. 또 레가툼 보고서의 국민건강지수 부분에서 미국이 불명예스럽게 27위의 하위권에 머물렀으며, 비만율은 최악이었다고 전했습니다.

이 보도대로 과연 미국이 쇠락기에 들어섰는지 단언하기는 쉽지 않습니다. 패권국으로서의 지위를 지탱해주는 군사력과 세계의 고급 두뇌를 블랙홀처럼 빨아들이는 지적 개방성이라는 측면에서 아직 미국을 대체할 만한 나라는 가시권에 들어오지 않았기 때문입니다. 하지만 『강대국의 흥망』을 쓴 폴 케네디의 말은 다릅니다. "일반적인 생산, 경제 균형과 강대국이 국제체제에서 차지하는 지위의 변동 사이에는 분명한 상관관계가 존재한다. 경제적 변동은 훗날 군사, 영토의 질서에 결정적 영향을 미칠 새로운 강대국의 등장을 예고한다." 강대국을 유지해가는 힘은 군사력인데, 경제력이 약해지면 결국 군사력을 유지하지 못해 세계 패권의 판도가 바뀌게 된다는 것이 케네디가 내린 결론입니다.

강대국들의 역사적 부침을 보고 내린 케네디의 이 같은 진단을 염두에 두면 쇠약해져가는 미국 경제가 군사력의 약화로 이어져 절대 패권을 행사해온 '팍스 아메리카나'의 종언으로 이어지는 역사의 규칙이 반복될지 귀추가 주목됩니다.

미국 경제의 조용한 쿠데타

지난 1997년 우리나라를 비롯해 태국, 인도네시아 같은 동아시아 국가들이 외환위기를 겪었을 때 서구 학자들과 언론들은 위기의 원인으로 동아시아의 연고 자본주의를 들먹였습니다. 대기업들이 정부와 유착해 경제를 망쳤다는 주장이었습니다.

그런데 이번 글로벌 금융위기의 원인을 월스트리트와 워싱턴, 즉 미국 거대 금융기관과 미 행정부의 유착으로 보는 글이 2009년에 미국 시사종합잡지 『the Atlantic』에 실렸습니다. IMF 수석이코노미스로 일했고, 지금은 미국의 명문대학교인 MIT 교수로 있는 사이먼 존슨이 쓴 「조용한 쿠데타」란 제목의 글인데요.

존슨 교수는 월가의 엘리트 금융인들이 미 행정부의 지원 아래 사상 최대의 도박을 해 위기를 초래했으며, 지금도 자신들의 영향력을 활용해 개혁조치를 막으려 하고 있다고 월가를 향해 직격탄을 날립니다. 존슨 교수는 그동안 미국 경제를 주도해온 월가와 워싱턴 행정부의 유착체제를 '금융과두체제' 로 부릅니다.

이 금융과두체제의 기본 축은 고위직의 교류였습니다. 대표적 인물은 로버트 루빈입니다. 루빈은 미국 유수의 투자은행인 골드만삭스 회장으로 일하다 클린턴 행정부 시절 재무장관에 임명됩니다. 이후 시티은행 이사회의장으로 자리를 옮기지요. 워싱턴과 월가를 왔다 갔다 합니다. 골드만삭스의 CEO였던 헨리 폴슨은 조지 부시 행정부 시절 재무장관으로 일합니다. 앨런 그린스펀은 FRB 의장을 그만둔 뒤 세계 채권시장의 최대 금융기관인 핌코의 자문위원으로 자리를 옮깁니다.

월가와 워싱턴의 인적 교류는 실무진 사이에서도 광범위하게 일어납니다. 골드만삭스의 직원은 이직 후 행정부로 가는 게 관행처럼 돼 있을 정도라고 존슨 교수는 말합니다. 이렇게 인적으로 끈끈하게 엮여 있다 보니 워싱턴의 정책이 월가에게 유리하게 운용됐다는 겁니다. 국가간 자유로운 자금 이동, 상업은행과 투자은행의 겸업 허용, 이번 위기의 원인이 된 신용부도스왑에 대한 미 의회의 규제금지 조치 등과 같은 규제완화가 이뤄졌다는 겁니다.

미 행정부의 이 같은 지원사격 아래 월가는 한동안 승승장구합니다. 미 민간기업이 만들어내는 이익 중 무려 41%가 월가에서 나오고, 월가의 임금 수준은 미 민간기업 평균의 약 두 배 수준으로 치솟습니다.

존슨 교수는 위기 발생 후 취해진 조치에도 월가의 영향력이 여전히 행사되고 있다고 진단합니다. JP Morgan의 베어스턴스와 워싱턴 뮤츄얼 인수, 뱅크오브아메리카의 메릴린치 인수, AIG와 시티그룹에 대한 잇단 구제금융 지원. 이 모든 게 투명한 원칙이 제시되지 않은 채 심야에 밀실 거래로 이뤄졌다고 지적합니다.

이번 위기에 대한 존슨 교수의 처방은 매우 단도직입적입니다. IMF 전문가들이 나라 이름을 가린 채 이들 금융기관의 상태만을 보고 처방을 내린다면, 처방전은 다름 아닌 은행 국유화와 거대 은행의 해체가 될 것이라는 겁니다. 그동안 IMF가 위기에 직면한 다른 나라들에 요구한 정책이지요.

존슨 교수는 문제 은행을 국유화하면 기존 주식의 소각과 실패한 경영진의 교체, 자산과 부채의 건전성 확보, 그리고 마지막으로 재매각이 가능할 것이라고 주장합니다. 또 미국 경제를 병들게 한 금융과두체제를 해체하기 위해 거대 은행은 중규모 은행으로 쪼개 팔자고 제안합니다. 파격적 주장이지요. 그러다 보니 이 제안이 현실화될 가능성은 크지 않은 것 같습니다.

사실 미 행정부가 이번 위기를 처리해온 과정을 보면 '남이 하면 스캔들, 자기가 하면 로맨스'라는 말이 떠오릅니다. 위기에 빠진 다른 나라에는 금융기관과 대기업의 혹독한 구조조정을 요구한 반면, 정작 자국의 금융기관에 대해서는 관대한 조치를 취하고 있습니다. 그래서일까요? 대선 당시 월가로부터 가장 많은 정치자금을 지원받은 오바마 대통령이 금융개혁 조치를 취하면서 얼마나 월가의 영향력에서 자유로울지, 주목되는 대목입니다.

헤지펀드 규제 강화하라

이번 글로벌 불황을 겪으면서 금융위기의 주범으로 지목된 것은 일부 상업은행과 투자은행, 그리고 보험사들이었습니다. 헤지펀드들은 쏟아지는 비난의 태풍권에서는 일단 한 발 비켜서 있었습니다.

그러나 이번 위기로 미국과 유럽의 금융 당국자들은 이른바 시스템 리스크에 주목하기 시작했습니다. 한 금융산업이 말썽을 일으킬 경우 시장 전체를 붕괴시킬 위험이 있다면, 이번 기회에 그 위험을 차단하는 조치를 취하겠다는 겁니다. 이런 차원에서 헤지펀드에 대한 규제 강화 조치가 활발하게 논의되고 있습니다.

헤지펀드 문제가 금융시장을 뒤흔들어 놓은 대표적 사례는 지난 1998년의 롱텀캐피털의 파산 사태입니다. 노벨 경제학상 수상자인 마이런 숄즈가 만든 이 펀드는 러시아 금융위기의 와중에서 1천억 달러의 손실을 입었고 급기야 미 금융시장을 마비시키고 말았습니다.

헤지펀드는 한 번 사고를 치면 왜 이렇게 큰 사고를 치게 될까요? 소수의 최상류 부유층을 위한 투자수단으로 조성되는 헤지펀드는 말 그대로 차입과 공매도, 파생상품 투자 등 수익을 끌어올리기 위해서라면 공격적인 투기적 투자도 마다하지 않습니다. 그러다 보니 고수익을 올릴 수도 있지만, 한 번 잘못되면 쪽박을 차면서 그 부정적 파장이 투자자는 물론 돈을 빌려준 금융기관, 거래 상대방 등에게 광범위하게 미칩니다.

전 세계적으로 헤지펀드는 9천 8백여 개가 영업 중이며, 전체 자산은 1조 3천억 달러에 이르는 것으로 추산됩니다. 미국에는 가장 많은 4천 4백여 개가 있고, 유럽에 3천 8백여 개, 아시아 지역에 4백 19개가 있습니다.

미국과 유럽의 국가들이 헤지펀드 규제에 나선 것은 헤지펀드가 언제든지 또 다른 금융위기를 부를 수 있는 '태풍의 눈'이 될 가능성이 있기 때문입니다. 자산 운용과 자금 내역 등이 불투명한 것이 가장 문제입니다. 정책 당국이 헤지펀드에 무슨 문제가 있는지를 사전에 알아내 투자자를 보호하기가 어렵게 돼 있습니다. 그래서 다양한 규제망이 새로 설치될 전망입니다. 우선 미국에서는 자산 규모가 3천만 달러가 넘는 헤지펀드는 증권거래위원회에 반드시 등록해 차입금 내역과 장부 외 투자 규모 등을 상세히 밝히도록 하는 방안이 추진되고 있습니다. 금융 시스템에 중요도가 커진 헤지펀드는 추가적인 감독강화 조치를 취하겠다는 내용도 들어 있습니다.

유럽은 더 강경합니다. 유럽연합 EU는 자기자본, 차입금이나 상품판매에 규제를 도입하는 방안을 추진하고 있습니다. 자기자본을 더 쌓게 하고 특정 펀드를 팔 때는 감독 당국의 승인을 미리 받도록 하는 내용입니다. 아울러 지금은 헤지펀드들이 자산을 미국의 브로커들이나 지방은행에 예치하고 있는 것을 유럽연합 은행에 반드시 예치하도록 하는 방안도 들어 있습니다. 투자자들을 보호하고 금융시장 리스크를 줄이기 위한 조치라고 유럽연합 측은 말하고 있습니다.

헤지펀드들은 당연히 강력히 반발하고 있습니다. 미국보다 더 강한 규제 조치가 논의되고 있는 유럽 헤지펀드, 그중에서도 2천 2백 개가 넘는 헤지펀드가 있는 런던의 분위기는 반발의 수위가 높은 상황입니다. 이들은 헤지펀드는 스스로를 보호할 능력이 있는 소수의 전문 투자자들이 고객이어서 투자자 보호 이슈가 그리 중요하지 않으며, 이 같은 규제 조치는 오히려 펀드의 수익률을 떨어뜨려 경쟁력을 약화시킬 것이라고 주장하고 있습니다.

헤지펀드 규제와 관련하여 앞으로의 관전 포인트는 미국과 유럽연합 의회의 입법 과정에서 정책 당국과 헤지펀드들의 로비전이 될 것입니다. 지금으로서는 금융위기 재발 방지와 투자자 보호라는 정책 당국의 명분이 더 커 보이지만, 앞으로 헤지펀드의 반격이 어떤 변화를 가져올지가 주목되는 대목입니다. 새로운 규제 조치가 가동될 경우 우리 증시에 대한 헤지펀드들의 투자 행태에도 변화가 예상되는 만큼 앞으로의 입법 과정을 잘 지켜봐야 할 것 같습니다.

세계 경기의 절묘한 줄타기

현재 국내외 경기의 진로에 대해 대체적으로 합의된 진단은 '최악의 상황은 끝났다' 라는 짐인 것 같습니다. 무너진 금융시장에도 응급조치가 취해지고 각국 정부와 중앙은행이 사실상 무제한으로 돈의 물꼬를 열면서 숨넘어갈 듯한 비상 국면은 마무리됐다는 판단인 것입니다. 그러나 한 고비를 넘겼지만 또 다른 큰 고비가 다가오고 있습니다. 불황에서 경기의 회복 국면으로 넘어가는 과정에서 풀린 돈을 충격 없이 어떻게 흡수해내느냐가 또 하나의 과제로 제기되고 있기 때문입니다.

대공황 시절, 경솔하게 긴축정책으로 선회한 미 정부의 1937년의 실수가 미국 경제를 다시 극심한 불황의 수렁에 빠뜨렸습니다. 실제로 미국 경제는 루스벨트 대통령이 취임해 다양한 경기부양 조치를 취한 데 힘입어 1937년에는 성장률이 9%로 급상승하고 실업률도 25%에서 14%

로 뚝 떨어졌습니다. 그러나 이후 1937년과 38년에 걸쳐 실업률은 다시 19%로 치솟습니다. 무엇보다 미 의회가 경기회생을 과신한 나머지 재정확대 정책을 백지화하고 사회보장세를 거둬들여 GDP의 2.5%만큼 재정적자를 일시에 줄여버리는 과격한 조치를 취했습니다.

설상가상으로 물가 불안을 우려한 FRB가 은행들이 고객의 인출 요구에 대비해 보유해야 하는 지급준비금의 비율을 일시에 두 배로 올리는 급격한 통화긴축 조치를 취합니다. 이 때문에 은행들은 대출 회수에 들어가 시중의 자금 사정이 꽁꽁 얼어붙습니다. 결국 너무 급작스럽게 재정과 통화의 돈줄을 죈 것이 불황을 재발시키는 도화선이 된 것입니다. 이번에는 동일한 실수가 되풀이되서는 안 될 것입니다. 민간수요가 정부가 푼 돈을 대체할 정도로 충분히 회복될 때까지 경기부양 조치는 유지돼야 합니다.

파이낸셜 타임스의 고정 칼럼니스트인 마틴 울프는 자신의 칼럼에서 이와 동일한 맥락의 주장을 폅니다. 그는 현재 세계 경기가 대공황 때보다 더 심각한 수축 국면을 나타내고 있기 때문에 섣부른 긴축은 다시 경기를 냉각시킬 위험이 있다고 주장합니다. 울프는 여기에서 더 나아가 세계 경제가 직면하고 있는 또 다른 위험을 지적합니다. 그렇다고 풀린 돈이 너무 늦게 환수되면 달러가치와 미 재정에 대한 신뢰도가 떨어질 것이라는 겁니다. 이 때문에 원자재 가격이 오르고 미 장기 국채수익률도 상승해 세계 경제는 물가 급등 속의 경기침체, 즉 스태그플레이션에 빠질 것이라는 것이 그의 주장입니다.

그러면 세계 경기를 근본적으로 치유하기 위한 해결책은 무엇일까요? 블랜챠드 IMF 수석 이코노미스트는 두 가지 조건을 제시합니다. 미국 소비자들이 덜 쓰면서 저축을 늘리고 미국은 수출을 늘려야 한다, 아울러 중국과 다른 국가들의 소비자들이 더 많은 수입품을 사주고 이들 경제는 수출 의존도를 낮춰야 한다는 겁니다. 이 같은 조건이 충족되려면 적지 않은 시간이 걸리겠지요. 그래서 세계 경제가 제대로 된 회복 국면에 본격 진입할 때까지 정책의 묘수가 필요할 것 같다는 생각입니다. 한쪽으로는 불황 재발, 다른 한쪽으로는 스태그플레이션을 피하면서 경기를 소생시켜 나가야 하는 절묘한 줄타기 정책을 각국 정부가 펼쳐나가야 하는 상황인 것입니다.

한국 경제, 남들보다 덜 어려운 편이기는 하지만 어려운 선택에 직면해 있는 점은 다르지 않습니다. 역사가 준 교훈을 직시하면서 정부와 한국은행이 머리를 맞대고 너무 빠르지도 않고 너무 느리지도 않은 출구 전략을 잘 찾아나가야 할 것입니다.

글로벌 경제위기 종료 감별법

매일 쏟아지는 경제 관련 지표들. 어떤 지표는 좋은 소식을 가져다주는 반면 다른 지표는 여전히 경기에 적신호를 울리고 있습니다. 앞으로 경제위기의 종료는 어떻게 알 수 있을까요? 혼돈스러운 상황에서 무엇을 보고 경기회복 여부를 판단해야 할까요?

이번 경제위기는 무엇보다도 미국 경제에서 발원된 만큼 위기 해소에 대한 열쇠도 미국이 쥐고 있습니다. 특히 전 세계 GDP의 4분의 1을 차지하는 미국 경제의 회생 여부를 제쳐놓고 우리 경제만 독야청청하기를 기대하는 건 무리가 있습니다.

가이트너 미국 재무장관은 이 상황을 축약적으로 잘 표현한 바 있습니다.

가이트너 미 재무장관(2009년 4월 24일, 미국 워싱턴)

세계 경기의 회복은 미국 경제의 회복에 달려 있다. 미국 경기의 회복은 미국 금융 시스템의 회복에 달려 있다. 그러나 미국 경제의 회복은 부분적으로 전 세계적 경기회복 노력의 정도에 달려 있다. 세계 각국이 공동의 노력을 기울인다면 미국의 경기 대책이 훨씬 유효하게 진행될 것이다.

"Recovery in the world depends on recovery in the United States. Recovery in the United States depends on recovery in the financial system, but our recovery in part will depend on the strenghth of what we see happen around the world, and all our efforts would be more effective if they' re done in parallel with awareness of the specific approaches other countries are taking."

가이트너 장관의 발언과 관련해 앞으로 여러분이 가장 주시해야 할 것은 미국 금융 시스템이 재가동되는가 하는 점입니다. 서브프라임 주택대출로 망가질 대로 망가진 미 금융기관들이 본래의 기능을 되찾느냐가 첫 번째 중요한 변수입니다. 국제통화기금 IMF는 앞으로 미국 금융기관들이 부실채권 때문에 무려 4조 1천억 원의 손실이 발생할 것으로 예측했지요. 따라서 미국 금융기관들의 부실채권이 잘 정리되고, 국유화가 되든 민간기관으로 남든 자본금이 충분히 확충되는지 잘 지켜보셔야 합니다.

미국 금융기관들이 건전한 모습으로 새롭게 태어나야 이번 금융위기의 종료를 선언할 수 있는데 아직은 시간이 좀 걸릴 것입니다. 위기 국면에서 잔뜩 몸을 움츠리고 자금 공급에 인색한 미국 금융기관들이 대출을 정상화하는지도 경기회복의 실마리를 잡는 데 중요한 변수입니다.

GDP의 세 배 수준에 이른 민간부채 축소 여부도 빼놓을 수 없는 변수입니다. 미국 경제의 위기가 본질적으로 과차입에 의한 과소비에서 비롯된 만큼 무엇보다 가계 빚을 줄이는 작업이 선행돼야 합니다. 금융기관들을 추락의 수렁으로 몰아넣은 미국 주택시장의 회복 여부도 유념해서 보셔야 합니다. 주택가격 폭락으로 담보가치가 크게 떨어져 금융부실이 발생한 만큼 적어도 가격 하락이 진정됐다는 신호가 필요합니다. 주택거래가 활기를 찾는지 주택 착공이 늘어나는지도 잘 살펴봐야 합니다. 상업용 부동산 가격 하락이 이를 담보로 돈을 빌려준 미국 금융기관들에게 발생시키게 될 추가 부실도 부담 요인이 될 것입니다.

마지막으로 일자리가 다시 늘어난다면 이것도 경기회복을 예고하는 지표가 될 수 있습니다. 미국 실업률은 오름세를 지속해 현재 10%를 넘어선 상태입니다. 실업이 줄고 일자리가 생겨나야 민간소비가 되살아나게 됩니다. 미국민의 소비가 세계 경제를 지탱해온 에너지원이었던 만큼 미국인들이 호주머니를 열어야 세계 각국의 수출길이 넓어지게 되는 것입니다.

지금까지 제가 말씀드린 내용은 『흐름을 꿰뚫어보는 경제독해』의 저자 필명 세일러의 주장과 일맥상통합니다. "근본원리를 이해하고 몇 가지만 익히면 스스로 판단을 내릴 수 있습니다. 전문가들의 전망에 의지할 것이 아니라 경제원리와 경제지표에 의지해서 스스로 판단을 내리십시오."

출구전략인가 입구전략인가?

세계 경기에 봄기운이 돌면서 출구전략에 대한 논의가 활기를 띠고 있습니다. 필자는 출구전략이란 투자용어가 경제정책의 방향타로 쓰이고 있는 게 적절한지 의문을 갖고 있습니다. 비상장 기업에 투자했다가 기업 공개시 이를 현금화시키거나 부실기업에 돈을 넣었다 나중에 지분을 팔고 나가는 것 같은 투자행위를 출구전략이라고 하는데, 이게 지금의 경제정책의 여건과 선택을 정확하게 설명해주지 않는다고 보기 때문입니다. 각국 정부와 중앙은행이 뿌린 돈을 다시 걷어들인다는 의미에서는 그럴듯한 용어이지만, 수익을 남기기 위한 투자행위는 아니기 때문입니다. 어쨌든 세계적으로 워낙 광범위하게 쓰이는 용어가 된 만큼 본래적 의미를 근거로 출구전략의 시의성과 타당성에 대해 따져보고자 합니다.

여기에서 중요한 점은 전략 자체가 출구인 만큼 또 다른 입구가 기다리고 있다는 점입니다. 출구에서 어떤 방식으로 언제 빠져나오느냐에 따라 국내외 경제가 새로 찾아 들어갈 입구의 방향이 달라지게 돼 있다는 점입니다. 투자의 출구전략에는 두 가지가 있습니다. 이익 실현(take-profit)과 손실 최소화(stop-loss)입니다. 정책적 선택의 결과에 따라 둘 중 하나의 길을 가게 됩니다.

먼저 이익 실현의 길입니다. 소비와 투자, 수출 등 전반에서 정상적인 체력을 회복했을 때, 돈줄을 조이고 물가안정을 가져오는 최선의 경우라고 할 수 있습니다. 경기도 살리고 물가도 잡는 '아주 좁은 문'을 향한 입구전략이 필요합니다. 풀린 돈으로 버블이 생기지 않게 하면서 고용과 소비, 투자심리를 북돋우고 부작용 없이 재빨리 돈줄을 죄는 묘수가 필요합니다. 그만큼 정부는 한쪽에는 인플레이션, 다른 쪽에는 디플레이션을 놓고 둘 다를 피해가는 절묘한 줄타기 정책을 해야 하는 부담을 갖습니다.

다음은 바람직하지는 않지만 자칫 시기나 방법을 잘못 선택할 경우 올 수 있는 손실의 길입니다. 크게 두 가지가 있는데 역사가 이를 잘 입증해줍니다. 그만큼 실수한 경우가 적지 않았기 때문입니다.

첫째는 정책이 너무 늦게 움직여 풀린 뭉칫돈이 물가의 고삐를 풀어버린 상태입니다. 2000년대 초반의 미국과 1980년대 후반의 일본이 '지각 증후군' 의 실태를 잘 보여줍니다. 미국은 9.11 테러 발생 후 급속 냉각된 경기에 군불을 지피기 위해 2001년과 2002년에 공격적으로 금리를 내린 후 저금리를 너무 길게 가져간 탓에 주택버블을 키워 결국 지금의 경제와 금융위기를 가져오는 재앙을 자초했습니다.

일본도 지난 1985년 플라자합의 이후 급격한 엔화 강세의 충격을 중화시키기 위해 금리를 크게 내렸지만, 1988년 경기회복 이후에도 이를 방치해 부동산 버블과 붕괴를 시작으로 '잃어버린 10년' 의 새로운 입구로 진입해 버렸습니다. 현재의 국내외 경제도 똑같은 위험을 안고 있습니다. 정책의 무게중심이 지나치게 경기부양에만 실려 긴축에 늑장 대응할 경우 경제는 새로운 버블과 스태그플레이션의 입구로 향하게 될 우려가 큽니다.

둘째는 정책이 너무 빨리 움직여 겨우 피기 시작한 경기의 싹(green shoots)을 고사시켜 버리는 경우입니다. 1930년대 대공황 당시의 미국 경제가 전형적인 예입니다. 루스벨트의 다양한 경기부양 처방으로 소생 기미를 보이던 미국 경기는 1937년과 38년, 두 해에 걸쳐 급격히 가라앉고 실업률도 19%까지 치솟았습니다. 경기가 다 살아났다고 오판한 FRB가 지급준비율을 한 번에 두 배로 올리고, 미 의회도 세금을 올리는 잘못을 범했기 때문입니다. 섣부른 판단이 경제를 더블딥(경기의 이중침체)으로 몰고 간 사례입니다.

지금의 상황에서도 동일한 실수가 얼마든지 있을 수 있습니다. 우리 경제가 빠른 속도의 회복세를 보이고 있지만, 이는 정부가 일시적으로 돈을 풀거나 세제혜택을 준 단기성 효과일 뿐 '완연한 봄' 을 선언하기는 시기상조입니다. 재정이 해준 '경기 도우미' 역할을 소비와 투자가 견실하게 받아줄 때까지 현재의 정책기조에 변화를 주는 건 위험한 선택일 수밖에 없습니다.

지금까지 언급한 것처럼 현재의 경제 상황에서는 정확하고 시의 적절한 해법을 실행에 옮기기가 어렵습니다. 돈을 뿌렸다가 조이는 출구로는 언제든 나갈 수 있겠지만, 앞에 놓여 있는 세 개의 입구 중 최선의 길목을 찾아 들어가는 게 그리 쉬워 보이지 않기 때문입니다. 인플레이션의 입구도 피하고 더블딥의 함정도 피하면서 성장과 물가, 두 마리의 토끼를 함께 잡는 '매우 좁은 길' 로 진입해야 하는 어려운 과제가 우리 앞에 놓여 있습니다. 정책의 '정밀한 조준사격' 이 요구되는 시점인 것입니다.

시중에 넘치는 돈의 부작용을 우려하는 조급한 '출구전략' 보다 경제를 제대로 된 안정화의 길로 들어서게 한다는 '입구전략' 의 관점을 갖게 된다면, 정부는 물론 기업과 가계 같은 경제 주체들도 호흡이 긴 중장기적 시각을 가지고 경제의 큰 틀을 보게 될 것입니다. 이런 사회적 공감대 속에서 '우리 경제의 正道' 가 찾아질 것이라고 믿습니다.

출구전략과 돈의 유통속도

2008년 이후 세계적으로 꽁꽁 얼어붙었던 경기가 해빙 기미를 보이고 있습니다. 최악은 지났다, 경기가 반환점을 돌았다는 낙관적 진단이 여기저기서 나오고 있습니다. 그러면서 각국 정부가 '출구전략'이라는 단어를 언급하기 시작했습니다. 한마디로 수직 하락했던 경기를 응급 소생시키기 위해 쏟아부었던 돈을 언제 거둬들일지가 초미의 관심사가 되고 있는 것입니다. 기운을 다시 차리기 시작한 경제에 부담을 주지 않으면서 풀린 돈이 물가를 자극하기 전에 돈의 물꼬를 조이는 일이 이제 각국 정부의 과제로 떠오르고 있습니다. 다음은 돈과 경제의 관계를 한눈에 보여주는 방정식입니다.

M(통화량)×V(돈의 유통속도) = P(가격)×Q(실질 GDP)

복잡해 보이지만 내용은 단순합니다. 오른쪽부터 보시지요. '가격×실질 GDP'는 생산된 제품의 양에 가격을 곱한 것이니까 우리 경제의 1년 생산량을 현재 가격으로 평가한 경상 GDP입니다. 우리 경제의 한 해 소득이지요. 그런데 돈은 이 사람 저 사람의 손을 옮겨 다니며 소득을 만들어냅니다.

예컨대 제가 지갑에 있는 30만 원을 가지고 가족과 함께 외식을 했다고 해보겠습니다. 돈은 30만 원밖에 없지만 제 소득 30만 원이 외식 후 식당주인의 소득이 되니까 두 사람의 소득 60만 원을 만들어낸 것이지요. 같은 돈이 돌면서 여러 사람의 소득을 만들어낸 것입니다. 이것을 나타낸 것이 바로 앞쪽의 식 'M(통화량)×V(돈의 유통속도)'입니다.

이 식을 염두에 두고 이번 경제위기를 생각해보죠. 서브프라임모기지 사태로 금융기관들이 부실화되면서 신용시장이 크게 경색됐습니다. 금융기관들이 서로를 믿을 수 없는 상황이 되니까 빌려준 돈을 회수하려고 하고, 반면에 가지고 있는 돈은 아예 빌려주지 않으려 하는 현상이 본격화됐습니다. 시중에 돈줄이 막혀 멀쩡한 기업도 넘어갈 판이었습니다.

앞에서 말씀드린 통화의 유통속도 V가 뚝 떨어지면서 디플레로 경제가 큰일 날 상황이 된 겁니다. 그래서 각국 중앙은행은 통화량 M을 대폭 늘리는 비상대책을 쓴 것이죠. 그래야 위에서 말씀드린 식의 오른쪽, 즉 국내총생산이 무너지는 걸 막을 수 있다는 판단을 한 겁니다. 비상조치로 돈이 경제에 쏟아져 나오자 결국은 이 뭉칫돈이 물가 급등의 화근이 될 것이라는 우려의 목소리도 적지 않습니다. 하지만 실제 상황을 들여다보면 아직 물가를 걱정하는 건 시기상조입니다.

우리나라의 경우 한국은행이 찍어 내는 돈을 본원통화라고 하는데요. 2009년에 매달 1년 전보다 20~30%의 높은 증가율을 보였습니다. 하지만 시중에 도는 돈의 양을 나타내는 광의의 유동성 지표 M2는 증가율이 10% 초반에 그쳤습니다. 아직 정상적으로 돈이 돌고 있지 않은 겁니다. 실제로 2009년 1분기 중 돈의 유통속도는 0.687을 기록했습니다. 지난해 4분기까지 0.7 이상을 유지했지만 1분기에 사상 가장 낮은 수준으로 제동이 걸린 겁니다.

다시 앞에서 말씀 드린 출구전략입니다. 그럼 언제쯤 한국은행을 포함해 각국의 중앙은행이 돈줄을 조이기 시작할까요? 답은 돈의 유통속도에 달려 있습니다. 돈이 안돌아 돈을 헬리콥터로 뿌린 만큼 통화 유통속도가 정상화돼 돈이 제대로 돌기 시작하면 통화 환수에 나서는 게 수순입니다. 돈이 도는 속도가 떨어지는 돈의 규모를 늘리고, 반대로 돈이 도는 속도가 높아지면 돈의 규모를 줄이는 게 정확한 수순입니다. 그대로 두면 이번엔 세계 경제가 인플레이션의 악몽에 시달릴 것이기 때문입니다.

앞으로 돈의 유통속도를 유념해보시면 앞으로의 경기와 정책을 내다보고 자산 운용전략을 짜시는 데 큰 도움이 될 것입니다. 유통속도가 높아지면 통화량이 줄면서 금리가 오르는 게 정해진 순서이기 때문입니다.

인플레이션 게임, 승자와 패자는?

2008년 하반기부터 세계 경제의 가장 큰 고민거리는 디플레이션이었습니다. 극심한 수요 부진으로 기업들의 경영난이 심각해지고 실업자 수도 눈덩이처럼 불어났습니다. 경제에 비상등이 켜지자 각국 정부는 일단 돈을 쏟아붓는 방식으로 경기부양에 힘써왔습니다. 덕분에 경기는 더 이상 나빠지지는 않는 모습이지만, 이제는 많이 풀린 돈 때문에 인플레이션을 걱정하는 목소리가 커지고 있습니다. 각국 정부가 적절한 시점에 돈을 거둬들이는 출구전략을 쓰겠지만, 경기회복 과정에 인플레이션이 통과의례처럼 수반되는 것은 불가피할 것으로 보입니다. 그런데 인플레이션은 경제 전반에 승자와 패자를 만들어낸다는 점이 문제입니다.

디플레이션은 대부분의 경제 주체들에게 큰 상처를 입힙니다. 자산

가격이 곤두박질하고 금융 부실도 확대되고 기업 매출도 일자리도 모두 줄어들기 때문입니다. 대조적으로 인플레이션이 발생하면 어떤 사람은 이익을 보고 다른 사람을 손해를 봅니다. 이 점을 설명 드리기 위해 먼저 명목가치와 실질가치, 이 두 가지의 차이점에 대해 간략하게 말씀드리겠습니다.

명목가치는 말 그대로 현재의 돈으로 표시된 금전적 가치입니다. 이 달 회사에서 받는 월급이 3백만 원이라든가 은행 대출금리가 6%라든가 하는 건 바로 명목가치를 말하는 겁니다. 이에 비해 실질가치는 물가가 오른 만큼을 공제해 돈의 실제 값어치를 표시한 겁니다. 월급이 지난해와 올해 똑같이 3백만 원이라고 해도 그 사이에 물가가 3% 올랐다면 그만큼 물건을 적게 살 수밖에 없기 때문에 실질급여는 3백만 원이 되지 못하는 원리입니다.

명목가치-물가상승률=실질가치

여기에서 말씀 드린 대로 실질가치는 명목가치에서 물가상승률을 빼면 구해집니다. 이 명목과 실질가치의 차이가 바로 인플레이션의 승자와 패자를 만들어냅니다.

예를 하나 들어보겠습니다. 여러분이 7억짜리 집을 사기 위해 3억 원을 은행에서 고정금리 연 6%로 3년 동안 빌렸다고 가정해봅시다. 그런데 3년 사이에 물가가 5% 올랐다면, 누가 승자이고 누가 패자입니까? 돈을 빌린 여러분이 승자이고 은행이 패자입니다. 여러분은 6% 고정금리로 돈을 빌렸지만 물가가 올라 그만큼 이자 부담이 가벼워졌습니다. 게다가 그 기간 중 집값이 올랐으니 그만큼 이익을 본 것이지요. 반대로 은행은 6% 이자를 내내 받았지만 물가상승률을 뺀 실제이자율은 낮아져 손해를 본 겁니다. 그래서 물가상승이 예상되면 차입자는 고정금리로 빌리는 것이 유리하고, 은행은 일정 기간마다 금리 수준을 조정할 수 있는 변동금리가 바람직한 것입니다.

정부나 기업이 발행한 채권의 경우도 생각해보겠습니다. 정부나 기업은 일반적으로 일정 기간을 만기로 해서 채권을 발행해 시장에 내다 팖으로써 필요한 자본을 조달하고 그 기간 동안에 정기적으로 정해진 이자를 지급합니다. 그런데 인플레이션이 발생했습니다. 어떤 일이 생기게 됩니까?

상황은 앞에서 말씀드린 은행대출과 유사합니다. 물가가 오른 만큼 실질 이자나 원금 부담이 낮아져 돈을 빌린 정부나 기업이 이익을 보고 이 채권을 산 투자자가 손해를 봅니다. 빚 부담이 큰 정부가 돈을 많이 찍어내 인플레이션을 일으키려는 유혹을 받는 것도 따지고 보면 인플레이션이 차입자를 승자로 만드는 길임을 잘 알기 때문입니다.

임금 협상 당사자인 근로자와 사용자도 인플레이션 국면에서는 승자와 패자로 갈립니다. 통상 노사는 그 해의 물가상승률 예상치를 임금인상률에 반영합니다. 그런데 물가가 실제로 예상했던 것보다 더 오르면 근로자가 패자가 됩니다. 실질 구매력이 줄어들었기 때문이지요. 하지만 생각했던 것보다 물가가 덜 오르면 사용자가 패자가 됩니다. 물가상승분보다 임금을 더 올려줬기 때문이지요.

지금까지 말씀 드린 대로 인플레이션은 승자와 패자를 동시에 만들어냅니다. 여러분은 어떤 선택을 하느냐에 따라 승자가 될 수도 있고 패자가 될 수도 있습니다. 인플레이션이 예감되시면 승자가 되는 전략을 잘 찾아나가시기를 바랍니다.

크루그먼 교수의 양심선언

노벨 경제학상을 탄 미국 프린스턴대 폴 크루그먼 교수는 미국 대선에서 오바마 후보를 지지하며 부시 전 미국 대통령의 저격수란 별칭까지 얻었습니다. 하지만 오바마 대통령 취임 후 금융위기 대책에 실망한 크루그먼 교수는 오바마 행정부에 대해 다시 비판의 칼날을 들었는데요. 오바마 정부의 은행 부실자산 처리 계획이 쓰레기에 돈을 퍼붓는 정책이며 은행의 국유화가 필요하다는 것이 그의 주장입니다. 이쯤 되면 크루그먼 교수의 성향이 대충 짐작이 되실 겁니다.

크루그먼 교수가 쓴 책 『미래를 말하다』를 중심으로 이야기를 풀어나가겠습니다. 사실 이 책의 제목은 직역하자면, 'The Conscience of a Liberal' 즉, '자유주의자 또는 진보주의자의 양심'이 됩니다. 이 책은 진보주의자로서 크루그먼 교수가 미국 경제의 발자취를 더듬어 평가하고 대안을 제시하는 순으로 펼쳐집니다. 크루그먼 교수의 진단은 이렇습니다. '미국 경제는 대공황 기간인 1920년대부터 1950년대까지 부유층과 근로자의 소득 격차가 줄어들어 소득 분배가 가장 공평한 기간이었다. 이른바 대 압착이 이뤄져 미국 경제에 가장 큰 호황을 가져왔다. 하지만 이후 신보수주의가 득세하면서 소득 불평등이 심화돼 미국 경제가 뒷걸음질했다' 는 겁니다.

요즘 우리에게는 '뉴딜' 이라는 말이 낯설지는 않습니다. 녹색뉴딜, MB뉴딜, 오바마의 뉴딜. 사실 뉴딜정책은 글로벌 경제위기가 본격화된 최근 더 관심을 모으고 있습니다. 그런데 우리는 뉴딜정책이라고 하면 케인즈의 불황처방전대로 정부가 돈을 쏟아부어 뭔가를 주도적으로 끌어가는 것을 생각합니다. 그런데 크루그먼이 제시하는 뉴딜은 조금 다릅니다.

미국 사회에서의 계층 이동 가능성에 대한 크루그먼 교수의 평가는 통렬합니다. "미국은 평등한 기회가 없을 뿐 아니라 다른 서방 국가에 비해 기회 자체도 평등하지 않다." 이런 현실 인식을 가진 크루그먼 교수, 그가 미국 사회에 어떤 대안을 제시했을지 짐작이 가시지요? 그는 새로운 뉴딜정책을 제안합니다. 즉, 사회 안전망을 넓히고 불평등을 줄이는 진보주의적 제도를 추구해야 한다는 겁니다. 구체적으로는 부유층에 세금을 많이 물려 가난한 사람을 돕자는 겁니다.

크루그먼은 이 책을 통해 말합니다. “눈을 크게 뜨고 그리고 손을 맞잡고 독존이 아닌 공존의 시대를 맞아라.” 흥미로운 점은 부유층 과세 강화에 관한 한 크루그먼 교수의 처방이 오바마 행정부의 정책에 그대로 반영돼 있다는 겁니다. 크루그먼은 이제 미국에 던져진 진정한 숙제는 이런 왜곡된 시스템을 정비하는 것이며, 그것이 바로 자본주의의 영속성을 위해 지금 당장 취해야 할 액션이라고 말하고 있는 겁니다.

핵무기보다 무서운 **화폐전쟁**

돈은 경제의 혈맥입니다. 상품이나 서비스를 잘 만들어내는 것도 중요한 일이지만, 돈의 흐름에 이상이 생기면 경제 전체에 난기류가 형성됩니다. 돈이 너무 넘치면 물가에 비상이 걸리고, 반대로 이번 금융위기에서처럼 돈이 잘 돌지 않으면 가계나 기업은 돈 가뭄으로 몸살을 앓게 됩니다. 국제 경제에서는 이 돈의 패권을 누가 잡느냐 하는 것은 판세를 결정하는 중요한 요인이 됩니다. 최근에 일고 있는 달러화의 지위에 대한 논란도 따지고 보면 미국과 중국의 세계 경제 패권을 둘러싼 힘겨루기의 과정이라고 볼 수 있습니다.

최근 국내에서 베스트셀러가 된 중국 금융전문가 쑹훙빙의 저서 『화폐전쟁』은 세계 화폐 주도권을 잡기 위한 이면의 역사를 음모론적 관점에서 흥미진진하게 풀어냅니다. 저자는 유럽의 로스차일드 가문이 19세기부터 지금까지 있었던 남북전쟁, 1차 세계대전 등 굵직굵직한 역사의 이면을 지휘한 사실상의 감독이었으며, 이 같은 드라마의 최종 종착점은 로스차일드가를 비롯한 국제 금융재벌이 화폐 주도권을 계속 유지하는 것이었다고 주장합니다.

로스차일드가는 뛰어난 정보수집 능력을 활용해 영국, 프랑스, 독일, 이탈리아, 오스트리아 금융시장을 장악한 금융전문 가문입니다. 이 가문은 자신들의 이해에 배치되는 상황을 돌파하기 위해서는 일곱 명에 이르는 미국 대통령 암살, 전쟁의 배후 조종 등 수단과 방법을 가리지 않아왔다고 이 책은 말합니다.

먼저 남북전쟁과 링컨 대통령 암살에 대해 이야기합니다. 역사 교과서는 남북전쟁은 북부의 링컨 대통령이 남부 노동력의 주축이었던 노예의 해방을 선언하자 일어난 전쟁이었다고 기술하고 있습니다. 하지만 쑹화빈의 진단은 다릅니다. 유럽의 금융재벌인 로스차일드가가 영국의 방직 산업과 관계가 밀접했던 미국 남부를 지원해 영국으로부터 벗어나려는 북부를 장악하려 일으킨 전쟁이라고 규정합니다. 그러나 북부가 이기면서 남부에 거액을 지원해온 자신들이 큰 손실을 입자 링컨을 보복 암살한 것이라는 시각입니다.

다음은 1차 세계대전입니다. 영국과 프랑스에 90억 달러를 지원한 금융재벌들이 독일이 승전할 경우 돈을 못 받을 것을 우려해 미국의 참전을 유도했다는 것입니다. 역사적으로 큰 사건의 배후에 어김없이 로스차일드가가 있었다는 주장이지요. 이 같은 화폐전쟁을 주도한 로스차일드가의 궁극적 목표는 자신들이 주인이 되는 중앙은행 FRB의 설립이었고, 집요한 공략 끝에 마침내 1913년 이 목표는 이뤄집니다.

저도 이 책을 읽으며 알게 된 사실이지만, FRB는 공공은행이 아니라 JP Morgan, 시티은행 등 민간은행이 주인인 민영은행으로 설립된 것입니다. 그리고 화폐발행권을 쥔 민간은행인 FRB는 미 재무부가 발행한 채권을 담보로 미 행정부에 달러화를 찍어 빌려주고 이자를 받는 '땅 짚고 헤엄치기' 식의 영업을 하게 됐다는 설명입니다.

그런데 케네디 대통령이 1963년 재무부가 보유한 은을 근거로 은증서를 발행해 즉시 화폐로 유통시키려는 대통령령에 서명합니다. 금융재벌들의 영향권 밑에 놓인 FRB의 손에서 화폐발행권을 가져오려는 시도였다고 이 책은 해석합니다. 같은 해 11월 케네디는 텍사스주 달라스에서 암살 당하고, 이후 불과 3년 만에 18명의 결정적 증인이 잇따라 사망합니다. 금융재벌들의 음모였다는 게 이 책의 진단입니다.

1997년에 있었던 아시아 외환위기도 같은 관점에서 해석됩니다. 특히 한국의 경우 올브라이트 국무장관 등이 지원을 강력 요청했지만, 월가를 대표하는 재무부는 이를 단호하게 거절합니다. 한국 경제의 빗장을 열어젖힐 절호의 기회로 봤기 때문입니다.

결국 중국인인 저자는 국제 금융재벌들이 노리는 최고의 목표가 중국이 될 것이라는 우려를 털어놓습니다. 언제 어떤 방식일지가 문제이지만 중국 경제에 거품이 잔뜩 끼게 한 다음 거품을 터뜨려 자산가격을 떨어뜨려 헐값에 이를 사들이며 중국 경제를 해체할 것이라는 게 쑹화빈의 제시한 시나리오입니다. 쑹화빈은 이에 맞서 중국도 유럽은행을 사들이는 등 해외에서 공격적인 확장전략을 구사하고 중국 금융기관이 외국에서 불이익을 받으면 중국에 진출한 해당국 은행을 같은 방식으로 제재하는 '눈에는 눈, 이에는 이' 식의 대응체제를 갖추자고 제안합니다.

여러분, 어떠십니까? 책 내용대로 국제 금융재벌의 음모가 세계 경제의 역사를 펼쳐왔다면 좀 으스스해지지 않습니까? 이들이 우리의 삶에 언제든 큰 고통을 가져다 줄 수 있기 때문이지요. 특히 로스차일드 가문, 미국 연방준비 은행과 금의 비밀에 대해 읽은 독자들은 저마다 '미국의 큰 비밀을 알고 나니 책을 내려놓고 금을 사러가고 싶은' 충동에 사로잡히게 되는데요.

책 내용이 사실인지 아닌지를 우리로선 알 수가 없습니다. 다만 지난 1997년의 외환위기 당시 외국자본이 약속이나 한 듯이 썰물처럼 빠져나가고, 일본 정부가 미국의 반대로 우리나라에 자금 지원을 거절했을 때 월가자본의 음모라는 시각도 적지 않았던 점을 기억합니다. 중요한 사실은 우리 경제의 체질이 튼튼하면 튼튼할수록 어떤 세력의 음모든지

먹혀들 가능성이 줄어든다는 것입니다.

세계 금융 역사의 흐름을 파악하고, 핵무기보다 더 중요한 화폐에 대한 올바른 이해를 통해 다가올 '피 없는 전쟁'에 대비하기 위해, 조금 으스스할지도 모르지만 이 책 한 권을 여러분에게 추천합니다.

금의 귀환

남미 아마존 강변에 있다고 전해져온 상상의 황금도시 엘도라도. 미국 캘리포니아 주 동부에는 이 상상의 도시 이름을 딴 엘도라도 카운티가 있습니다. 160여 년 전 금을 캐기 위해 20만 명이 넘는 사람들이 몰렸던 '골드러시'가 있었던 지역입니다.

2009년에 이 엘도라도 카운티에 '뉴 골드러시'가 일어났다고 합니다. 불황이 몰아닥쳐 일자리를 잃은 실업자들이 금값이 치솟자 한몫의 꿈을 안고 이 지역으로 몰려든 것입니다. 금은 한때 미국 달러화와 교환되기도 했습니다. 2차대전 후 금본위제도 아래에서 미국 달러화는 일정량의 금에 해당하는 가치를 지녔습니다. 금이 돈과 밀접한 관련을 맺고 있었던 것이지요.

그러나 1971년 8월 15일, 세계 경제의 흐름을 바꾸는 중대한 일이 일어납니다. 달러가치가 크게 떨어지면서 달러 대신 금을 가지려는 수요가 급증하자 닉슨 미국 대통령이 금 태환을 중지시켜 버렸습니다. 이후 금은 달러화와는 거리를 멀리한 채 투자 대상이나 산업 용도로 활용돼 왔습니다.

그런데 다시 금이 각광을 받고 있습니다. 불황으로 금융시장에 불안감이 확산되자 안전자산인 금에 대한 수요가 크게 늘어나고 있는 것은 물론, 돈이 너무 많이 풀려 인플레이션이 예상되자 금 가격 상승을 노린 투자도 늘어나고 있습니다. 여기에 달러가치가 크게 떨어질 것으로 우려되자 자국의 외환보유고 중 달러를 줄이고 금으로 채우려는 나라들이 줄을 잇고 있습니다.

역시 고대부터 금을 좋아해 금 보유량에서도 선두에 선 나라는 중국입니다. 중국은 국제 시장에서 금을 계속 사들여 보유량을 지난 2003년의 600톤에서 1천 54톤으로 두 배 가까이 늘렸습니다. 이로써 세계에서 금 보유 5위국이 됐습니다. 하지만 중국의 외환보유고 가운데 금의 비중은 1.6%에 불과해 중국은 앞으로도 계속 금을 사들이는 '큰손'이 될 것으로 보입니다. 금 매입 대열에는 인도, 러시아, 베네수엘라, 멕시코, 필리핀 등이 합류해 있는 상태입니다. 인도는 2009년 11월에 IMF으로부터 2백 톤의 금을 사들였습니다.

전 세계 중앙은행이 가지고 있는 금은 3만여 톤에 이릅니다. 미국이 가장 많고 독일, IMF, 프랑스, 이탈리아, 중국 등 순입니다. 우리나라는 외환보유고가 2,600억 달러가 넘지만, 금 보유는 순위에 끼지 못할 정도로 적은 양에 불과합니다. 2009년 10월 말 현재, 한국은행이 보유한 금은 14.4톤으로 당시 시세 기준으로 5,500여억 원 가치를 지니고 있는데, 전체 외환보유고의 0.03%로 미미한 수준에 불과합니다. 이 가운데에는 외환위기 당시 국민들이 금모이기 운동을 벌여 모아준 3톤도 들어 있습니다. 현재 이들 금은 골드바로 만들어져 영국의 중앙은행인 영란은행에 보관되어 있습니다.

이번 글로벌 금융위기는 세계 금 판도에도 큰 변화를 가져올 전망입니다. 미국이 경기부양을 위해 달러를 너무 많이 찍어내 달러가치에 대한 신뢰가 급락하면서 세계 각국이 외환보유고를 금으로 다변화하려는 움직임을 본격화하고 있기 때문입니다. IMF가 금을 팔겠다고 나서자 중국의 움직임에 관심이 쏠리고 있습니다.

지금까지 말씀 드린 이런저런 이유로 금값은 말 그대로 '금값' 입니다. 1990년대 말에 1온스에 287달러였던 금값이 현재는 1,100달러 선을 웃돌고 있습니다. 그래서 10년 전 대규모로 금을 팔아버린 영국과 프랑스, 스페인 같은 유럽 국가들은 땅을 치고 있습니다. 세상이 수십 번 변해도 변하지 않았던 가치 '금' 은 그래서 귀한 대접을 받나 봅니다.

인플레 우려 속에서 많은 나라 중앙은행들이 금을 사들일 것으로 보이고, 한국은행 역시 금의 귀환에 대응해 금 매입에 나설지 관심을 모으고 있습니다. 시중에 넘쳐나는 유동성, '혹시 어디 투자할 만한 곳이 없나' 찾고 계시다면 당분간 '금'을 관심 있게 봐도 좋을 것 같습니다. 자, 이렇게 제2의 '황금' 전성기 '금의 시대'는 이미 시작됐다고 해도 과언이 아닙니다.

지중해 유럽의 귀족 실직자

지난해 말 이후 세계 경기가 급속히 냉각되면서 일자리 사정은 이루 말할 수 없을 정도로 어려워졌습니다. 소득이 줄어든 것은 물론 더 이상 나갈 직장이 없게 되거나 일을 하고 싶어도 일자리를 찾지 못하는 실업자들이 크게 늘어나고 있습니다. 세계적으로 고실업의 도미노 현상은 계속되고 있습니다. 그런데 나라마다 실업자 형편은 많이 다르다고 하네요.

먼저 유럽을 한 번 볼까요? 2009년 5월 15일, 브뤼셀의 유럽연합 EU 본부에서는 수만 명에 이르는 시위대들이 일자리 보호를 요구하며 집회를 열었습니다. 다음은 유럽 노동조합 사무총장의 발언 내용입니다.

존 먼크스, 유럽 노동조합 사무총장

주가가 오를 수도 있고 부분적으로 경기회복 신호가 나타날 수도 있다. 하지만 실업 문제에 관한 한 상황은 매우 좋지 않고, 이 같은 상황이 2011년까지 이어질 것으로 보인다.

"It may be the shares bounce, it may be there is a few green shoots in the economy, but as far as unemployment is concerned the outlook is very, very difficult through probably into 2011."

유럽 근로자들의 요구는 참으로 절절하지만 이들의 상황은 다른 나라 근로자에 비하면 귀족놀이를 하는 셈입니다. 독일의 자동차부품회사에서 일하다 실직한 알프레드 버트는 일자리를 잃었지만 그는 여전히 의료보험 혜택을 받고 있으며, 겨울에는 예정대로 가족과 함께 지중해 여행을 갈 생각입니다. 유럽 근로자들의 상황은 대체로 비슷합니다. 나라에서 전 직장 급여의 60%에서 90%를 실업급여로 보조해주기 때문입니다.

유럽 다른 나라의 경우에는 그래도 기간에 제한을 두지만 벨기에는 무기한 실업급여를 줍니다. 굳이 일 안 해도 먹고살고 여행 다니는 데 별 문제가 없는 것이죠. 자주 언급돼 온 이른바 '유럽병'의 실상이 이런 것입니다.

반면 지난해 크라이슬러 조립공장에서 해고된 다일런 드로버츠의 상황은 대조적입니다. 여행은커녕 당장 몇 달 후에 만료될 의료보험이 걱정입니다. 보험료를 낼 형편이 되지 못하기 때문입니다. 그나마 전 직장 급여의 절반 정도를 주는 실업급여에 기대고 있습니다. 미국은 금융회사와 자동차 회사를 중심으로 대량 해고가 잇따르면서 실업률이 10% 이상으로 크게 상승하고 있습니다. 일자리를 원하는 국민 10명 중 1명이 실업자니 문제가 심각해도 이만 저만 심각한 것이 아닙니다.

이제 우리나라로 눈길을 돌려봅니다. 2009년 10월 현재, 실업자 수는 79만 9천 명으로 실업률은 3.2%를 기록했습니다. 15세부터 29세까지의 청년 실업률은 7.5%로, 청년 13명에 한 명꼴로 실직 상태에 있는 셈입니다. 대학을 졸업하고 힘찬 인생의 새 출발을 해야 할 청년들이 꿈과 희망 대신 좌절을 먼저 경험하고 있는 안타까운 현실입니다.

주가가 오르고 부분적으로 소비심리도 호전되고 있다고 합니다. 하지만 꽁꽁 얼어붙었던 경기는 일자리 사정이 나아져야 본격적으로 풀리게 될 것입니다. 경제에 봄이 오려면 소비가 되살아나야 하는데 일자리 형편이 좋아지지 않는 한 소비에 온기를 느낄 수 없을 것이기 때문입니다.

IMF 위기 이후 "아빠 힘내세요~!!"라며 아빠를 응원하는 노래와 메시지가 많이 나왔습니다. 그런데 이젠 '아빠'와 함께 '형'이나 '오빠'까지 응원해줘야 할 차례입니다. 다양한 경기대책이 나오고 있지만 청년은 물론 일자리를 잃은 가장들이 다시 웃음을 되찾을 수 있도록 정부와 기업 모두 노력할 때입니다. 경제정책이든 기업의 사업계획이든 그 궁극적 목표는 국민의 행복, 근로자의 행복이어야 하기 때문입니다.

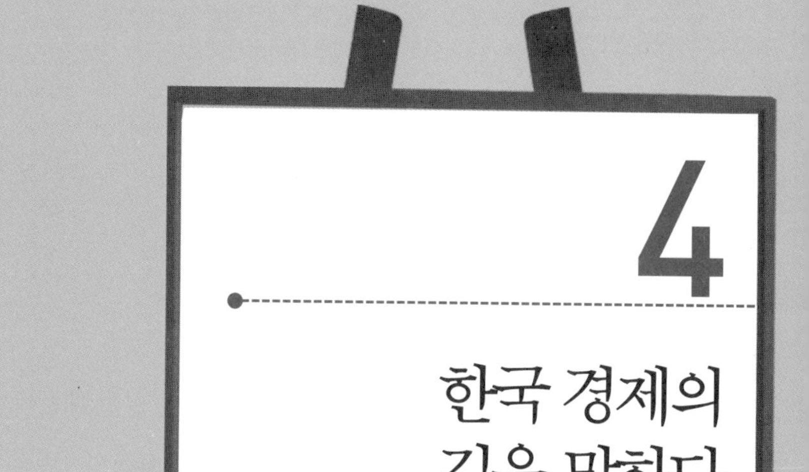

4

한국 경제의 길을 말하다

한국 경제는 미국 경제의 희생양?

2009년 불황의 골이 깊어지면서 '미국의 실책 때문에 왜 우리까지 이렇게 큰 어려움을 겪어야 하나' 하는 불만이 생겼습니다. 1997년의 외환위기 때 우리는 혹독한 구조조정을 했는데, 정작 미국은 이를 피해 가는 걸 보고 '당시 우리는 뭘 했나' 하는 의구심도 들었습니다. 지난해 노벨 경제학상 수상자인 폴 크루그먼 교수는 『불황의 경제학』이라는 책을 통해 이런 의문점들에 대해 답하고 있습니다. 특히 한국 경제가 과거에 왜 위기를 겪었고, 현재 경험하고 있는 위기의 원인이 무엇인지에 대한 진단도 상당 부분을 차지하고 있습니다.

폴 크루그먼 교수는 1994년 멕시코의 데킬라 위기를 비롯한 라틴 아메리카의 위기, 일본 경제의 잃어버린 10년, 1997년 아시아 외환위기를 보는 흥미로운 관점을 제시하고 있습니다. 먼저 장기불황을 자초한 일본의 경우에는 경기부양을 위해 충분한 돈을 풀지 않은 게 실책이었습니다. 일본 정부는 오히려 재정적자를 메운다는 명목으로 세금을 올려 경기를 더 얼어붙게 했습니다. 돈을 뿌려 인플레이션을 일으키는 게 불황에서 벗어나는 처방전이었다고 크루그먼은 주장합니다.

기억에도 생생한 1997년의 외환위기. 우리는 지금도 금융기관들이 단기외채를 너무 많이 빌려 쓰고 대기업들이 빚더미에 올라앉은 탓에 위기를 겪을 수밖에 없었다고 자책하고 있습니다. 그런데 크루그먼 교수의 진단은 다릅니다. 한국 경제는 사실상 멀쩡했다는 겁니다. 아시아의 정실주의와 부패가 문제로 지적되긴 했지만, 한국의 재벌은 30년 이상 매우 훌륭하게 기능해왔다는 것이 그의 진단입니다. 갑자기 문제가 될 상황이 아니었다는 것입니다.

크루그먼 교수는 '자기실현적 패닉' 이 불행의 씨앗이었다고 지적합니다. 태국 경제에서 심각한 문제점이 노출된 것을 계기로 실제 상황과 무관하게 한국 경제가 도매값으로 넘어가 외국자본이 일시에 빠져나갔다는 분석입니다. 그리고 외국자본의 엑소더스를 가능하게 한 건 금융시장 개방 때문이었다는 겁니다. 한마디로 한국 경제는 희생양이었다는 말입니다.

이 상황에서 해결사로 나선 IMF는 엉터리 처방을 씁니다. 돈을 풀어도 부족할 마당인데 정부 돈줄을 줄이도록 요구해 불황을 더 악화시킵니다. 또 돈을 빌려주는 조건으로 구조조정을 요구합니다. 크루그먼 교수는 부실은행 퇴출 같은 금융개혁 조치가 금융위기 대책으로 적절했는지 의문을 제기합니다. IMF가 악순환을 막는다며 또 다른 악순환을 초래했다는 것이 크루그먼 교수의 신랄한 평가입니다. 이쯤되면 어처구니없다는 말밖에는 할 말이 없습니다. 당시 우리 국민들은 살인적 고금리와 잇단 금융기관 퇴출 조치 등으로 얼마나 힘든 삶을 살아야 했습니까?

지난해 하반기부터 시작된 글로벌 경제위기와 관련해 크루그먼은 그리스펀 전 FRB 총재가 자산 거품을 꺼뜨리기 위해 금리인상 같은 조치를 취했어야 했다고 비판합니다. 거품이 터지고 나서야 난장판을 수습하려 했다는 것입니다.

그러면 위기 해소를 위해서는 어떤 대책이 필요할까요? 크루그먼은 각국 정부가 신용경색을 완화하고 소비를 부추기는 데 주력해야 한다고 강조합니다. 재정지출은 미국의 경우 GDP의 1% 수준에 불과한데 4% 수준까지 크게 늘려야 한다고 권고합니다. 위기를 초래하는 국제적 자본 이동에 대한 규제의 도입도 해법으로 제시됩니다. 그다지 잘못이 없는 한국이 1997년과 같은 위기를 다시 겪는 것은 이런 자본의 이동 때문이라는 겁니다. 금융 세계화가 이만큼 위험하다는 말이지요.

크루그먼이 내놓은 앞으로의 전망은 다행스럽기는 하지만 밝지는 않습니다. 그는 세계 경제는 십중팔구 공황에 빠지지는 않을 것이지만, 불황은 당분간 계속될 것이라고 전망합니다. 크루그먼의 이 말이 틀렸으면 하는 게 저의 솔직한 심정입니다. 미국이야 오랜 기간 어렵겠지만 우리 경제는 위기에 대한 내성이 생겨 더 잘 버틸 것으로 기대합니다. 경제는 심리입니다. 너무 위축되지 말고 가계는 정상적으로 소비를 하고 기업은 투자의 불길을 되살려야 경제가 살아날 수 있습니다. 경제에 생기를 불어넣는 것은 다른 사람이 아니라 바로 우리 자신이라는 점, 꼭 명심해야 합니다.

수다스런 FRB vs 과묵한 한국은행

얼마 전 미국의 블룸버그 통신은 세계 중앙은행 총재의 업무 실적에 대해 투자자와 에널리스트를 대상으로 여론조사를 실시했습니다. 조사 결과 버냉키 미국 연방준비제도이사회 FRB 의장이 가장 좋은 평가를 받았고, 2위에는 장 클로드 트리셰 유럽중앙은행 총재가 올랐습니다.

버냉키 의장과 트리셰 총재가 양호한 평가를 받은 것은 2008년부터 본격화된 글로벌 불황에 대처하는 과정에서 통화 공급을 크게 늘리는 등 적절한 정책을 적시에 시행해왔기 때문일 것입니다. 두 사람은 특히 금융시장과 수시로 소통하면서 시장의 신뢰를 얻어온 점이 돋보입니다.

2009년 7월 20일, 미국의 월스트리트 저널에는 버냉키 FRB 의장의 기고문이 실렸습니다. 풀린 돈을 중앙은행이 언제 걷어들일지가 초미의 관심사가 된 상황에서 버냉키의 의장의 기고문은 시장과 소통하고자 하는 FRB의 의지를 밝히는 계기가 됐습니다. 이 글에서 버냉키 의장은 많이 풀린 돈 때문에 물가가 올라도 FRB는 충분히 이에 대비할 수 있다고 자신감을 보였습니다. 더 나아가 아예 채권매각 등 돈을 시중에서 빨아들일 수 있는 네 가지의 구체적인 정책수단까지 제시했습니다. 버냉키는 '물가, 물가 그러는데 출구전략은 저를 믿고 걱정하지 마십시오' 라는 말을 하고 싶었던 것 같습니다.

트리셰 유럽중앙은행 총재는 어떻습니까? 2008년 11월, 파이낸셜 타임스에 경기부양책의 필요성을 강조하는 기고문을 실었습니다. 돈을 푸는 게 불가피하다는 입장을 시장에 전한 것이지요.

두 사람 다 대단한 소통 노력을 보인 것입니다. 월례회의 후 기자회견도 아니고 신문 기고문을 낸 것 자체가 우리에게는 파격으로 보입니다. 우리나라 같으면 사실상 불가능한 일이지요. 한은 총재가 언론에 기고문을 싣고 현재 진행형의 이슈에 대한 자신의 견해를 밝힌다는 것, 참 바람직한 일일 것 같은데, 한은 스스로가 이런 방식으로 시장과 소통하는 데는 별로 관심이 없는 것 같습니다. 한은 총재는 언론 노출 빈도를 최대한 줄이는 성역으로 남아 있는 모습입니다.

정부 또한 조율되지 않은 한은 총재의 의견이 언론을 통해 수시로 노출되는 데 대해 속내가 편하지는 않을 겁니다. 그래서 우리는 한 달에 한 번 금융통화위원회가 열린 후 있는 한은 총재의 기자회견에서 '소통에 대한 갈증'을 해소할 수밖에 없는 상황입니다. 국민이나 시장 입장에서 보면 한국은행에서 나오는 정보의 양이 너무 적은 겁니다. 한은이 소통에 너무 인색한 거지요.

사실 버냉키와 트리셰 두 사람의 소통 노력은 앞에서 말씀 드린 기고문에만 그치지 않습니다. 언론과의 인터뷰를 활용하기도 합니다. 트리셰 총재는 2009년 7월 19일 프랑스 국영방송 LCI와의 인터뷰에서 유로존 국가들이 재정적자를 줄일 것을 촉구했습니다. 정부의 재정확대 정책에 대해 중앙은행 총재가 소위 언론 플레이를 통해 제동을 걸고 나선 것 자체가 흥미롭습니다.

미국에서는 특유의 의회 시스템 덕분이지는 하지만, 버냉키 의장이 수시로 미 상원 청문회에 불려 나가 통화정책의 방향에 대해 의원들과 질의 응답을 갖습니다. 2009년 7월 22일 청문회에서는 상업용 부동산 부실이 경제에 위협이 될 수 있다는 새로운 경고를 하기도 했습니다.

버냉키도 버냉키지만 전임자인 그린스펀은 어떻습니까? 금융위기 책임론 탓에 스타일을 구기기는 했지만, 오랜 재임기간 중 알듯 말듯한 비유로 통화정책의 방향을 암시하는 등 시장에 끊임없이 신호를 보냈습니다. 이를 바탕으로 국민과 시장은 '지금 중앙은행 총재가 무슨 생각을 하고 있는지', '중앙은행이 경제의 어떤 부분에 문제가 있다고 보는지'를 알거나 추측할 수 있는 겁니다. 그리고 이를 바탕으로 중앙은행이 취할 수 있는 정책을 나름대로 예측해 지출, 저축, 투자, 자산운용 계획 등을 수시로 현실에 맞춰 조정해나갈 수 있는 것입니다.

중앙은행은 간혹 사원에 비유되기도 합니다. 정치권의 외풍에서 떨어져 독립적으로 통화정책을 입안해야 한다는 당위성의 의미가 담겨져 있다고 봅니다. 하지만 그 독립성과 침묵은 별개의 것이라고 생각합니다. 정치적 판단에 왜곡되지 않는 독립적이고 객관적인 의사결정을 하되, 빠르게 변화하는 시장과 지속적으로 소통하면서 '영향을 주고 영향을 받는' 노력도 병행돼야 한다고 봅니다.

자, 이제 한은 총재에게 중요한 건의를 드리겠습니다. 지금보다 더 자주 시장과 소통하십시오. 그게 기고문이든 수시 언론 인터뷰든 형식은 중요하지 않습니다. 통화정책이 경제와 국민생활에 주는 지대한 영향을 감안할 때 한 달에 한 번으로는 부족합니다. 현재의 경제 상황에 대한 한은의 진단이 어떻게 바뀌고 있는지, 통화정책은 어떤 방향으로 운용해 나갈 것인지, 그리고 정부 정책에는 어떤 문제가 있는지 등에 대해 수시로 국민과, 시장과 소통하시기를 바랍니다. 그랬을 때 한은에 대한 시장과 국민의 신뢰도 더 높아지고 중앙은행의 독립성에 대한 국민적 공감도 커질 것입니다. 말을 아끼는 건 신비주의를 키울 수 있을지는 몰라도 중앙은행의 진정한 리더십을 키우지는 못할 것입니다.

한국차, '이카의 함정'을 피하자

당장 문을 닫느냐 마느냐의 기로에서 77일간 진행됐던 쌍용차 공장 점거 파업이 2009년 8월 막을 내렸습니다. 모두가 지는 최악의 상황을 피하기 위한 노사 양측의 막판 양보가 극적 반전을 가져왔습니다. 문제는 앞으로입니다. 일단 당장 회사를 굴리는 데 필요한 급전을 긴급 수혈하는 게 급선무이고, 궁극적으로는 새 주인을 만나 시장에서 평가받는 경쟁력 있는 자동차를 만들어내는 게 생존의 필요충분조건일 것입니다.

'회사가 휴업을 발표하자 노동자들이 즉시 파업에 들어가 공장을 점거하고 150여 명의 감독과 작업반장을 도장실로 몰아넣었다. 노동자들은 휘발유 통을 휘두르며 불을 지르겠다고 위협했다. 회사측이 백기를 들었다.'

자동차 회사에서 벌어진 일이지만, 무대는 우리나라가 아닙니다.

1963년 아르헨티나 자동차 업체 이카(IKA)에서 있었던 분규의 현장입니다. 이카는 자동차 산업을 적극 키우려는 아르헨티나 정부의 강력한 의지에 힘입어 1955년 출범의 돛을 올렸습니다. 높은 관세로 수입차를 차별하고 10년간 면세 혜택이 주어지는 등 정책적 지원이 만만치 않았습니다. 그런데 회사를 망가뜨린 불씨는 극렬한 분규에서 지펴졌습니다. 군대까지 동원될 정도의 분규로 결국 회사가 만신창이가 되면서 1970년 르노에게 인수돼 이카의 국적이 바뀌어버립니다.

쌍용차와 이카는 시대적 상황도 다르고 결말도 다르지만, 던져주는 교훈은 같은 맥락입니다. 상생의 길에서 탈선한 적대적 노사관계가 일터 자체의 숨통을 죄는 뇌관이 될 수 있다는 것입니다. 적절한 타협점에서 자제력이 발동되지 못한 채 일단 갈 데까지 가보는 '결투식 노사관계'는 상처뿐인 여진만을 남기는 것입니다.

한때 세계시장을 주름잡다 생존의 절벽에서 겨우 안락사를 면한 미국 자동차 업계는 어떤가요? 글로벌 금융위기가 직접적 도화선이 됐겠지만, 수십 년간 곪아온 환부가 이번 기회에 터진 것에 불과할 뿐입니다. 미국은 질병의 원인도 그 처방도 알고 있었지만 이를 외면하다 '호미로 막을 일을 가래로도 못 막는' 상황을 자초했습니다.

미국의 명문대학 MIT는 경제학자, 과학자, 엔지니어 등을 망라한 드림팀을 구성해 2년에 걸친 연구 분석 끝에 1986년 「Made in America」

라는 제목의 미국 산업보고서를 출간했습니다. 이 보고서는 당시 미국 자동차업계의 현 위치를 일본과 유럽, 한국 같은 신흥공업국에 협공당하는 신세로 진단했습니다. 이런 상황에서 시장이 소형차로 옮겨가는 것을 읽지 못한 근시안적 경영과 기업체가 줄 수 있는 것보다 훨씬 많은 것을 요구하는 노조 등 내부적 문제로 미국차가 경쟁력을 잃었다고 분석했습니다. 특히 서로 믿지 못하고 으르렁거리는 적대적 노사관계의 심각성을 경고하고 노사관계의 혁신을 촉구했습니다. 이 보고서에 언급된 미국 자동차 산업의 문제점은 화석화된 20여 년 전의 현상이 아니라 최근까지 고스란히 남아 있던 고질병이었습니다.

미국 자동차 업계와 아르헨티나의 이카 모두 회사의 성공을 직원, 나아가 노조의 성공으로 받아들이는 협조적 노사관계의 틀을 만들어내지 못해 쇠락의 길로 들어선 것입니다. 게임이론에 나오는 버틀란트 함정(Bertrand Trap)을 연상케 하는 상황입니다. 주로 기업들끼리의 죽기 살기식의 무모한 가격경쟁을 뜻하는 것이지만, 공생의 선택을 하지 못하고 공멸의 외길로 치닫는 어리석은 의사결정의 폐해를 잘 보여주고 있습니다.

1993년과 1994년 중남미 코스타리카에서는 필립모리스와 B.A.T 간의 담배전쟁이 벌어졌습니다. 필립모리스가 먼저 담뱃값을 무려 40% 내린 것을 시발로 두 회사가 장군멍군식의 가격인하 경쟁을 벌였습니다. 결과는 필립모리스는 8백만 달러의 손실을 입었고, 비용을 밑도는 수준까지 값을 내린 B.A.T는 2천억 달러의 손실을 입었습니다. 두 회사 모두 시장점유율을 늘리지는 못한 채 막대한 피해만을 본 함정에 빠진 것입니다.

이 같은 사례는 생산적 노사관계의 기초를 닦지 못한 한국 자동차 산업에도 중요한 시사점을 던져주고 있습니다. 쌍용차 사태도 사태지만 연례 행사처럼 겪고 있는 분규의 몸살. 상호 윈-윈(win-win)의 타협점을 찾지 못하고 상호 루즈-루즈(lose-lose)의 '버틀란드 함정'에 빠져드는 잘못의 악순환을 이제는 끊어야 합니다. 경제위기의 끝자락에서 가시화되고 있는 미국 자동차 업계의 전열 재정비, 하이브리드 카를 앞세운 일본의 공세, 중국의 세력 확장, 유럽의 반격 등 세계 자동차 시장에서는 중원을 잡기 위한 새로운 전운이 감돌고 있기 때문입니다. 특히 이들 국가들은 발목을 잡아온 분규의 부담에서 벗어났거나 상대적으로 문제가 덜한 유리한 고지를 선점하고 있습니다.

먼 훗날 한국 자동차 업계가 지혜롭게 협조적인 노사관계를 구축해 위기 이후 세계 시장에서 비상했다는 「Made in Korea」보고서가 나오길 기원해봅니다. 홀로 근시안적, 전투적 노사관계의 볼모가 되어 아르헨티나 이카의 사례에 몇 가지 쇠락의 사례를 더하는 불명예가 역사의 교훈으로 남지 않기를 바랍니다.

경제성장 엔진이 바뀐다

최근 글로벌 경제위기가 심화되기 전까지 세계 경제는 크게 두 축으로 움직였습니다. 세계 경제성장의 엔진 역할을 해온 미국은 한마디로 소비하고 수입하는 나라였습니다. 반면 우리나라를 비롯해 중국, 일본, 인도, 대만 같은 아시아 국가들은 저축하고 수출하는 국가로 분류됩니다. 저축-수출 국가들로부터 밀려 들어오는 상품을 소비-수입 국가인 미국이 사준 것이 그동안 세계 경제의 작동 메커니즘이었습니다.

실제로 아시아 국가들의 경우, 10년 전만 해도 수출이 국내총생산에서 차지하는 비중이 37% 수준이었지만, 현재는 그 비율이 절반에 가까운 47%로 상승한 상태입니다. 국가별 수출 비중을 한번 볼까요? 2009년 4월부터 소급해 1년을 기준으로 할 때, 말레이시아가 82.9%, 태국 72%, 대만 63.9%, 베트남 61.1%이고 우리나라도 50.5%에 이릅니다. 중국은 경제 규모가 큰 관계로 비율은 다소 낮은 28.3% 수준입니다.

수출에 목을 매고 살아온 아시아 국가들로부터 많은 물건을 사주다 보니 미국은 매년 7천억 달러가 넘는 무역적자를 내왔습니다. 반면 중국은 3천억 달러 이상, 일본은 2천억 달러가 넘는 흑자를 기록해왔습니다. 심각한 국제적 무역 불균형이 악화돼 온 것이고 이것은 미국민들의 과소비가 있었기에 가능했습니다.

그런데 2008년 하반기부터 시작된 미국의 금융 불안 이후 상황이 바뀌었습니다. 미국의 금융 불안 사태를 가져온 요인은 한마디로 미국 가계가 너무 많은 빚을 진 데 있습니다. 서브프라임 모기지 등으로 주택대출을 너무 끌어다 썼고, 자동차 대출과 신용카드 사용액도 크게 늘어났습니다. 빚으로 지탱해온 경제였습니다. 그러나 부동산 시장을 시작으로 경제의 거품이 꺼지자 빚더미에 앉은 미국민들에게는 빚 줄이기가 발등의 불로 떨어졌습니다. 소위 말하는 디레버리징(deleveraging)이 확산된 것이지요. 방법은 무엇입니까? 소비를 줄이고 저축을 늘리는 것 외에는 다른 묘수가 없습니다.

실제로 2009년 9월 중 미국민들의 개인 저축률은 한 달 전의 2.8%에서 3.3%로 크게 올랐습니다. 주택 붐이 일었던 지난 2000년대 초반 저축률이 0%로 밑으로 떨어졌던 것과는 대조를 이룹니다. 그만큼 미국 가계의 상황이 다급해진 것입니다.

문제는 이같이 미국민들이 소비를 줄이고 저축을 늘리는 현상이 오래 갈 수밖에 없을 것 같다는 데 있습니다. 가계의 빚이 너무 많은 데다 미국 경제 전체로도 지금과 같은 대규모 적자가 지속되는 상황을 감당하기가 버겁기 때문입니다. 그래서 미국 경제는 시간이 걸리겠지만, 저축하고 수출하는 경제로 구조가 변화돼 나갈 것으로 보입니다.

상황이 이러니 수출 의존도가 높은 우리나라와 같은 아시아 국가들의 경제성장 모델도 변화를 강요받고 있다는 판단입니다. 글로벌 경기침체의 와중에서 미국이 상품 수입을 줄인 결과 아시아 국가들은 수출이 수십 퍼센트씩 줄면서 경제에 주름살이 커지고 있습니다. 더구나 미국 가계가 앞으로도 계속 허리띠를 졸라매고 저축을 늘릴 것으로 보여 수출에 지나치게 기대는 방식의 경제성장은 어려울 것으로 보입니다.

결국 경제성장의 돌파구는 내수를 늘리는 방법밖에는 없습니다. 밖에서 물건을 사주지 않으니 안에서 많이 사야 경제가 살아날 것이기 때문입니다. 현재 GDP 대비 내수의 비중은 일본이 56%이고 중국은 33%에 불과합니다. 미국의 67%보다 많이 낮지요. 하지만 경제가 내수 중심으로 바뀌는 구조 변화에는 시간이 걸릴 겁니다. 예컨대 중국의 경우 의료비 등의 부담 때문에 저축률이 높은 만큼 사회안전망 강화가 선행돼야 내수가 일어날 것으로 지적되고 있습니다. 우리나라의 경우는 소득 양극화 현상을 해소하면서 중산층을 두텁게 하고 서비스 산업을 발전시키는 게 중요한 과제로 떠오르고 있습니다.

내수 시장이 커진다는 것은 그만큼 외풍에 대한 경제의 민감도가 줄어드는 것을 뜻하는 만큼 차제에 한국 경제의 체질 변화를 이루는 데 정책적 노력이 집중돼야 할 것입니다.

경기회복의 기본 방정식

요즘 들어 경기회복에 대한 논의가 무성합니다. 이미 바닥을 지났다든가, 본격적 회복은 아직 멀었다든가, 경기회복이 V자형, U자형, W자형, L자형이 될 거라든가 하는 말들을 들어보셨을 겁니다. 그런데 이 '경기' 라는 것은 구체적으로 무엇을 말할까요? 또 무엇이 어떻게 좋아져야 경기가 좋아졌다고 할 수 있을까요?

우리가 일상생활에서 보통 '경기' 라고 할 때는 기업경기나 시장경기 같은 부분적인 현상을 이야기할 때가 많습니다. 하지만 나라 전체의 '경기' 는 이런 것들을 다 합한 전체 경제의 체온계인데요. 중요한 경기의 기본 방정식은 이렇습니다.

> 국내총생산 = 소비 + 투자 + 정부지출 + 수출 − 수입

$$Y = C + I + G + X - M$$

여러분들이 소비하고 기업이 투자하고 정부가 구매하고 해외 소비자들이 사준 우리의 수출품이 우리가 벌어들이는 국내총생산이 되는 겁니다. 그런데 우리가 외국에서 사들인 것은 다른 나라 국민의 소득이 되므로 그만큼을 빼주는 것이지요. 그러면 이 각각의 구성요소들은 우리 국민의 살림살이에 얼마나 중요한 역할을 할까요? 2008년 기준으로 볼 때, 소비는 국내총생산의 54.5%, 투자는 29.3%, 정부지출은 15.3%, 수출은 52.9%, 마지막으로 수입은 54.1%를 차지합니다.

지금 우리가 경험하고 있는 극심한 경기침체도 이 기본 방정식으로 다 설명이 됩니다. 기본적으로 소비가 줄고 투자가 위축돼 경기가 얼어붙은 거죠. 그러면 경기가 다시 기지개를 펴려면 무엇이 개선돼야 하는지를 기본 방정식으로 설명해보겠습니다.

앞에서 보셨듯이 국내총생산의 절반 이상을 차지하는 소비가 가장 중요합니다. 그래서 경제전문기관이나 언론 모두 소비가 되살아나는지 유심히 보고 있는 겁니다. 그런데 소비는 주머니 사정, 즉 소득이 좋아져야 느는 것이고 소득은 전반적인 일자리 사정에 영향을 받지요. 결국 실업 사정이 개선되지 않는 한 소득이 늘기 어렵고 가계도 지갑을 열지 않는 겁니다. 미국 실업률이 10%를 넘어섰다든가 실업수당 청구 건수가 늘었다든가 하는 뉴스에 주목하는 것은 모두 이 소비의 온도계를 보려고 하는 겁니다.

기업들이 하는 투자는 어떨까요? 경제의 약 30%를 차지하는 투자는 소비에도 중요한 영향을 미칩니다. 투자가 이뤄져야 일자리가 늘어나고 소비도 증가하는 겁니다. 그런데 투자는 앞으로의 경기에 대한 기업들의 전망, 금리 수준, 재고 수준 등에 영향을 받습니다. 기업들이 앞으로 경기가 좋아질 것으로 볼수록, 차입금리가 낮을수록, 창고에 쌓인 재고가 줄어들수록 투자가 늘어나는 겁니다. 그런데 소비가 증가해야 기업재고가 줄어드니 소비와 투자는 서로 맞물린 관계라고 할 수 있습니다.

다음으로 정부 지출인데, 이는 경기가 어려울 때 구원투수 역할을 합니다. 가계도 기업도 쓰지 않을 때는 정부가 지갑을 여는 수밖에 없습니다. 요즘 세계 각국이 쓰고 있는 것이 바로 이 재정확대 정책입니다. 소비와 투자의 부족한 부분을 정부지출로 메워 경기둔화를 완화시키려는 것이지요. 그런데 세금을 거둬 이 돈을 지출하는 정부 입장에서는 계속 정부지출을 늘릴 경우 재정적자가 쌓여 또 다른 문제를 일으키기 때문에 마냥 씀씀이를 늘릴 수만은 없는 한계가 있습니다.

마지막으로 대외 교역, 즉 수출과 수입인데요. 외국 소비자가 우리 물건을 많이 사줄수록, 우리가 해외 상품을 적게 살수록 도움이 됩니다. 2008년에는 수입의 비중이 수출보다 1.2% 포인트 높았으니 해외 무역에서 우리는 오히려 손해를 본 셈입니다.

그런데 앞에서 보신 것처럼 수출이 국내총생산에서 차지하는 비중이 52.9%나 되지요. 이 비율이 말레이시아는 82.9%, 태국 72%, 대만 63.9%에 이릅니다. 우리나라를 포함해 이들 아시아 국가들은 경제가 너무 수출에 목을 매고 있는 게 문제입니다. 미국이나 유럽 같은 수출시장이 감기에 걸리면 이들 국가들이 몸살을 앓는 것도 바로 이 때문입니다. 이번 경제위기에서도 드러났지만 내수를 키워 수출의존도를 낮추는 게 아시아 국가들이 안고 있는 과제입니다.

간단하지요. 앞으로 이렇게 경기 동향을 판단하시면 쏟아져나오는 경제기사를 이해하시는 데 많은 도움이 되실 겁니다.

자본주의 고뇌, '강 건너 불구경' 할 것인가?

Q: 경제학자라는 직업이 왜 생겼을까?

A: 기상 예보관이 더 잘 맞춘다는 것을 보여주기 위해.

Q: 경제학자들은 무슨 일을 할까?

A: 단기적으로 많이, 그러나 이 일이 장기적으로는 별로 의미가 없다.

Q: 경제학자에게 전화번호를 물어보면?

A: 추정치를 가르쳐준다.

경제학자에 관한 조크입니다. 경제학을 폄훼하려는 의도가 있다기보다는 미래를 잘 예측하지 못하는 학자들에 대한 투정 정도로 받아들이면 될 것 같습니다. 특히 2008년 말부터 본격화된 글로벌 경제위기에 대해 학계의 사전 경고가 거의 없었다는 점을 감안하면 경제학자 자신들도 당혹감을 느낄 것입니다. 경제와 금융시장에 관한 첨단분석의 틀을 가진 미국의 연방예금보험공사조차 불과 1년 전만 해도 예보 대상이 되는 금융기관의 99% 이상이 적정 수준의 충분한 자본금을 갖췄거나 이를 초과하고 있다고 엉터리 판정을 하고, 임박한 위기 징후를 포착하지 못했을 정도였으니까요.

이번 경제위기의 파장은 경제학자들의 예측력에 의문을 제기하는 정도에 그치지 않습니다. 자본주의의 동력을 보는 관점에 본질적인 변화가 일어나고 있습니다. '보이지 않는 손' 이 움직이는 시장의 신뢰가 크게 흔들리고 있기 때문입니다. '월스트리트, 즉 자본시장의 과도한 행위로 많은 사람들이 가난해졌다' 는 분노의 메아리가 세계 여기저기에서 울려 퍼지고 있습니다.

1991년 옛 소련의 붕괴 이후 레이거노믹스와 대처리즘으로 표방돼 온 신자유주의는 시장의 자율, 자정 기능에 경제를 맡겨두면 '만사 오케이' 라는 사고의 흐름이었습니다. 신자유주의의 대부인 밀턴 프리드먼의 말대로 '개인의 자발적인 협력을 통해 경제행위를 조정해가는 경쟁적 자본주의의 꽃' 이 만개했고, 정부의 시장에 대한 개입은 최소화됐습니다. '시장 우선, 규제 나중' 의 대세는 서론과 본론에서는 침체 없는 성장을 세계에 가져다 주는 듯했지만, 금융시장과 경제의 파국적 붕괴로 막을 내리는 양상입니다. 위기의 여파로 경제협력개발기구 OECD 회원국에서만 3천만 명이 넘는 실업자가 거리를 배회하게 됐으니 '붕괴' 라는 표현이 과하다고 할 수만은 없게 됐습니다.

이번 위기에 대한 각국 정부의 대응은 일단은 급한 불을 끄기 위한 경기부양 노력에 집중되고 있습니다. 하지만 신자유주의를 선도해온 미국과 영국을 중심으로 자본주의의 역사적 전환을 가져올 큰 흐름의 변화가 감지되고 있습니다. '보이지 않는 손' 이 운전대를 잡아온 시장에 '보이는 정부' 가 동승자로 탑승하는 데 머물지 않고 운전대의 절반을 같이 쥐고 가는 시스템적 변화가 잉태되고 있습니다. 자율과 개방의 목소리보다는 규제와 감독의 견제장치가 전면에 나서는 조짐입니다.

월스트리트에서는 정부가 금융회사 CEO의 급여 수준까지 시시콜콜 간섭하는 것은 물론 위기의 주범으로 지목된 금융파생상품의 규제를 위해 거래소 거래를 의무화하는 방안이 추진되고 있습니다. '파생상품 회사들은 로비가 필요 없다. 그리스펀이 말 안 해도 알아서 뒤를 다 봐주고 있으니까' 라는 금융회사들의 조롱 섞인 자만은 이제 역사의 뒤안길로 사라지게 될 것 같습니다.

더 큰 틀에서는 은행과 증권의 장벽을 허문 지난 1999년의 금융서비스현대화법 체제를 폐지하거나 크게 손질하자는 논의마저 고개를 들고 있을 정도입니다. 증권업의 무단질주로 은행마저 망가지게 된 마당이니 아예 두 업종을 '이혼' 시켜 과거 '은증(銀證) 분리' 시대로 돌아가자는 것입니다. 초기 단계에 불과하지만 워낙 파급력이 큰 논의여서 진행 과정에 대한 면밀한 모니터링이 필요하다고 봅니다.

경쟁정책도 유턴할 조짐입니다. 미 법무부의 크리스틴 바니 반독점 담당 차관보는 최근 부시 전 행정부가 독과점 기업들의 불공정 행위에 대해 관대한 입장을 보여왔다고 비난하고, 경쟁제한 행위에 대해서는 정부가 신속하게 개입할 것이라고 선언했습니다, 벌써부터 마이크로소프트, IBM, 구글 등 대규모 IT기업들과 월스트리트의 금융회사들이 바짝 긴장하고 있다고 합니다. 유럽연합 EU가 인텔에 대해 불공정 행위를 이유로 사상 최대 규모인 1조 8천억 원의 과징금을 부과한 것도 미국의 정책적 기류 변화와 관련해 주목을 끄는 대목입니다.

결국 그동안 자본주의의 골격이 시장 중심이었다면 앞으로는 정부가 전면에 나선 '규제 중심의 제한적 시장주의' 가 이를 대체할 전망입니다. 이런 시대적 변화에 직면한 한국의 선택은 무엇일까요?

크게 두 가지의 선택이 가능할 것입니다. 첫째는 독자노선을 걷는 길입니다. 미국이나 영국이야 고삐 풀린 시장의 '뜨거운 맛' 을 보고 규제로 회귀하는 것이지만, 제대로 규제 한번 활짝 풀어본 적이 없는 우리로서는 기존의 규제개혁 정책을 지속적으로 추진해 '한국적 자본주의 모델' 을 새로 세워나갈 수 있을 것입니다. 선진국의 시계바늘이 거꾸로 돌 때 오히려 그들을 추격하는 기회로 삼자는 입장이 될 수 있습니다.

반대로 어차피 우리가 추구해온 게 영미식 신자유주의였고, 그 비극적인 종착점을 알게 된 만큼 불가피하게 궤도수정을 해나갈 수도 있습니다. 시장 자율의 역기능에 대해 반성하고 정부의 역할에 대한 관점을 재정립해 지금보다 시장과 민간의 역할을 줄이고 정부의 선도 및 감독 기능을 강화하는 것입니다.

어떤 입장을 취하든 이 시점에서 우리 내부에 이에 대한 진지하고 심도 있는 논의가 부족하다는 데 문제가 있습니다. 생존을 위한 자본주의의 대변신 필요성에 대해 뜨거운 논쟁이 진행 중인 서구와는 달리 우리는 위기에 대한 민감도가 좀 덜해서인지 '강 건너 불구경' 하는 모습입니다.

사실 미국과 영국이 규제 자본주의로 돌아서면 유럽, 중국, 일본 등 세계 경제를 선도하는 나라들 어디를 둘러봐도 신자유주의는 제동이 걸리게 됩니다. 그러면 시장의 부작용을 강력히 견제하는 새로운 자본주의 질서가 태동하게 될 텐데, G20 회원국인 우리가 이런 세계적 흐름과 떨어져 홀로서기가 가능할까요? 각국 정부가 숨 넘어가는 자국 산업의 회생을 지원하고 나섬으로써 개방을 주축으로 한 WTO 체제가 무너진 마당에 새롭게 탄생할 세계무역 질서는 어떤 모습일까요? 이런 변화의 흐름 속에서 한국 경제의 생존전략은 무엇일까요? 시장 중심 노선의 고수일까요? 효율적이고 투명하고 존경받는 '새 관치' 의 부활일까요?

이런 이슈들에 대해 심층 논의가 진행돼야 세계적 조류변화 속에서 우리 경제의 새로운 자리매김이 가능할 것입니다. 눈에 보이는 문제들에 대한 응급책을 마련하는 데 급급하지 말고, 10년, 20년 후 국가의 미래를 보는 큰 관점의 성숙한 논의가 늦기 전에 본격화돼야 합니다. 분명한 건 우리가 원하든 원하지 않든 세상이 크게 바뀌고 있다는 점입니다.

금융 청사진, 다시 짜야 한다

이번 글로벌 금융위기를 겪으며 금융은 국토 곳곳을 흐르는 강줄기와 같다는 생각을 새삼스럽게 하게 됐습니다. 물이 너무 말라도 문제입니다. 농업용수는 물론 식수, 산업용수 모두 난리가 납니다. 강물이 넘쳐도 곤란합니다. 여기저기 재난이 발생합니다. 수확의 기대를 송두리째 앗아가고 하루아침에 생활의 터전이 사라져버립니다.

더 심각한 상황은 이 강물이 국토를 이끌어가는 '주인공' 행세를 할 때 일어납니다. 둑이 터져 통제되지 않은 물줄기가 휩쓸면 남는 건 산업에, 가정에, 농토에 수마가 할퀴고 간 상처뿐입니다. 강물은 유유자적하게 흐르며 주체가 아닌 객체로서 농민의 꿈이 영글게 논과 밭을 적셔주고 가정과 산업에 생명수를 대주면 충분한 것 아닐까요?

이번 글로벌 위기의 원인을 한마디로 축약하면 '과잉금융의 역습' 이 아닐까 싶습니다. 금융은 실물경제의 흐름을 지원하는 혈맥의 역할이 일차적 기능입니다. 예금을 받아 대출을 하고 유가증권 시장에서 투자 자금을 모아 기업으로 흘러들어가는 파이프 라인을 열어주는 일 같은 것 말입니다.

금융이 실물경제의 파트너 역할에 머물지 않고 자체의 성장논리를 확장하기 시작한 것은 지난 1986년 영국의 금융서비스법 제정, 즉 금융 빅뱅이 일어나면서부터입니다. 제조업이 맥을 잃은 영국은 금융을 산업으로 육성하기 위한 빅뱅 조치를 앞세워 미국 월스트리트의 위치를 위협했습니다. 규제를 풀어 리스크를 감수하고서라도 금융의 주도권을 잡겠다는 금융중상주의의 국제적 쟁탈전에 일본, 홍콩, 싱가포르, 호주 등이 가세하고, 마침내 미국은 지난 1999년 은행과 증권 사이에 칸막이를 뒀던 글래스스티걸 법을 없애는 역사적 조치를 단행합니다. 대신 은행과 증권이 '한 지붕 두 가족' 이 되는 것을 허용하는 금융서비스 현대화법을 제정합니다. 리스크 관리 대신 '위험한 성장' 을 선택한 것입니다.

이후 규제의 고삐가 약해진 금융산업은 각국 정부의 적극적 지원 사격과 과잉 유동성 등의 토양 위에서 리스크 자체를 상품화하는 비즈니스 모델을 확대하기 시작했습니다. 첨단상품으로 포장된 파생상품, 자산유동화 증권, 금융공학의 자기 확장적 발전 등으로 '리스크 있는 곳에 상품 있다' 는 유희가 금융의 큰 줄기를 형성했습니다. 미국 금융계의 황제로 칭송받던 그린스펀이 '파생상품은 시장에서 위험을 안지 말아야 할 사람으로부터 떠안을 능력과 의사가 있는 사람에게 이전시키는 뛰어난 수단' 이라고 예찬했을 정도였습니다. 언제 곪아 터질지 모를 버블을 키우고 있는데도 말입니다. 월스트리트에서 발원된 버블은 '메인 스트리트' 로 확산되며 마침내 미국 경제는 물론 세계 경제를 수렁으로 몰아넣게 된 것입니다. 이게 지금 전 세계가 경험하고 있는 '프랑켄쉬타인의 괴물', '과잉금융의 후폭풍' 입니다. 그린스펀이 자신의 오류를 인정했지만 이미 '강물' 은 거대한 노도로 변해 전 세계를 초토화시킨 상황입니다.

한국의 금융산업은 어떤가요? 선진 금융산업에 대한 열등감은 심화돼 왔지만 다행히 아직은 전통적 업종간 테두리를 허물지 않고 무모한 리스크를 상업화하는 정도까지는 가지 않았습니다. 1997년 외환위기 이전만 해도 한국의 금융산업은 본질적으로 실물경제의 성장을 돕는 '혈맥' 역할에 충실했습니다. 관치금융이 핵심적 문제가 될 정도로 특정 성장산업에 대한 정책금융 공급, 대기업 돈줄의 중점 관리 등 실물의 흐름과 맥을 같이 했습니다.

외환위기를 겪으며 우리의 시각도 경제의 금융화를 지향하는 세계적 맥락에 초점을 맞추게 됩니다. GDP에서 제조업 비중이 12%로 쪼그라든 반면 금융 비중이 25%로 올라선 미국 경제의 구조적 변화, 취약한 제조업 기반에도 불구하고 금융 강국의 위세를 떨친 영국을 우리의 역할 모델(Role Model)로 삼아왔음은 부인할 수 없습니다. 금융허브, 자본시장통합법의 바탕에 깔려 있는 생각은 우리도 영미식 금융산업 모델을 따라가자는 것 아니었던가요? 투자은행도 키우고 파생상품 시장도 꽃피우게 하자는 것 말입니다.

황당한 일은 우리가 한 수 배우려 했던 선배국가들이 이번에 그 치부를 다 드러냈다는 점입니다. 시장 실패냐 정부 실패냐를 따지기 전에 금융에 더 깊게 발을 담가 금융이 실물에서 괴리된 나라일수록 금융버블의 깊은 상처에서 헤어나지 못하고 있습니다. 역사의 물줄기가 바뀌고 있는 대전환점입니다. 자율 금융이 자기 정화 기능을 갖지 못한 채 독성을 키워온 현실을 모두 교훈으로 받아들이고 있는 양상입니다.

2009년 4월, 런던에 모인 20개 국가의 정상들은 금융 감독과 규제를 강화하자는 데 한 목소리를 냈습니다. 금융 빅뱅을 선도했던 영국은 이젠 국가부도 위기에 직면한 상태에서 은행, 보험, 헤지펀드, 파생상품 등 금융산업 전반을 촘촘히 관리해나가기 위한 '터너보고서' 발표를 시발로 규제 빅뱅을 실행에 옮기기 위한 채비를 갖추고 있습니다. 세계 금융시장의 시계는 이미 '시장만능주의'에서 강력한 정부 개입이 수반되는 '관민 혼합체제'로 변신이 본격화되고 있습니다. 우리가 원하든 원치 않든 강화된 금융규제의 대세에 동참할 수밖에 없게 될 것입니다.

한국의 선택은 무엇일까요? 아니, 무엇이어야 할까요? 그렇게 따라잡고자 했던 선진국 금융산업이 혼비백산 중일 때 기존 정책을 일관되게, 강력하게 밀고나가 선진국을 추격하는 발판으로 삼자는 주장도 일견 그럴듯해 보입니다. 선진국과 달리 한국 금융산업은 규제 덩어리여서 아직은 규제 개혁이 더 중요하다는 주장도 있습니다. 하지만 우리의 인식이 여기에 그친다면 이번 위기가 던져주는 엄중한 경고를 읽어내지 못하는 잘못을 범하는 것입니다. 금융허브를 꿈꾸며 경제의 빗장을 활짝 열어오다 추락의 길로 들어선 아일랜드와 두바이를 타산지석으로 삼아야 합니다.

적어도 금융산업 발전의 청사진을 원점에서 다시 따져보거나 크게 손질하기 위한 공론화 작업이 필요합니다. 그 위력을 보인 과잉금융의 리스크를 외면하거나 보지 못하고 초가삼간이 다 탄 후 소 잃고 외양간 고치는 악수를 둘 수 없기 때문입니다. 산업으로서 금융의 성장과 과잉금융의 폭발적 부작용을 막을 규제, 이 두 가지의 균형을 절묘하게 잡아나가는 혜안이 새로운 금융정책에 녹아들어야 합니다.

시대적 배경은 다르지만 관점이 유사한 두 분의 발언 내용을 소개합니다. "은행업은 번영을 창출하는 것이 아니라 번영의 산물일 뿐입니다. 은행업 덕분에 우리가 부자가 된 것이 아니라 우리가 부자이기 때문에 은행업이 있는 것입니다."(1904년 영국 식민성 장관 조셉 체임벌린) "앞으로 올 미국 경제의 변화는 월스트리트에 몰리는 총명한 젊은 인재의 수가 점점 줄고 실제로 물건을 만들어 수출하는 엔지니어, 과학자, 혁신가들이 늘어나는 것을 의미한다."(2009년, 오바마 미국 대통령) 금융산업은 물론 한국 경제의 진로와 관련해서 곰곰이 되새겨볼 대목입니다.

실용의 시대정신으로 돌아가자

#1

돼지고기 도매업을 하는 자영업자 A씨. 주로 단골식당에 돼지고기를 납품하는 일을 하고 있습니다. A씨는 경기가 얼어붙으면서 매출이 줄자 나오는 건 한숨뿐입니다. 설상가상으로 타의로 직장을 떠난 실직자들이 돼지고기 도매업에 뛰어들면서 덤핑 경쟁까지 일어나 하루하루가 말 그대로 죽을 맛입니다. 음대에 다니는 딸 학비에 생활비, 임대료 대기가 사실상 어려워져 울며 겨자 먹기로 적자 장사를 하고 있습니다. 업종을 바꿔보려 하지만 마땅한 게 눈에 들어오지 않아 걱정이 태산 같습니다.

#2

올 봄 대학을 졸업한 B씨. 지난해 하반기부터 수많은 기업에 이력서를 내봤지만 아직 그에게 희소식은 없습니다. 취업경쟁의 대열에서 뒤

쳐지지 않기 위해 넉넉하지 않은 집안 형편이었지만 외국대학 연수도 갔다 오고, 영어 학원, 방송 아카데미 등에도 적지 않은 돈을 투자했습니다. 주변에서도 반듯한 직장에 들어간 친구는 손에 꼽을 정도입니다. B씨는 시간이 흐를수록 초조해집니다. 아직 올 가을까지는 시간이 있겠지만 결국은 많은 선배들처럼 이른바 '88만 원 세대' 인 비정규직 취업의 길로 들어설 수밖에 없을지 모른다는 두려움 때문입니다.

경기에 먹구름이 잔뜩 끼면서 어깨에 실린 삶의 무게가 더 무거워지는 사람들이 늘어나고 있다습니다. 빈부격차가 사상 최대라는 통계적 수치는 삶의 현장에서의 고통지수가 그만큼 높아졌음을 말해주고 있습니다. 이들에겐 보수, 진보의 편 가르기나 성장과 분배의 이분법적 논란도 논리적 유희로밖에 비치지 않습니다. 검은 고양이든 흰 고양이든 먹고살 수 있게만 해달라는 아우성이 커지고 있는 것입니다.

노무현 전 대통령의 서거 이후 불길처럼 일어난 추모 열기는 투박했지만 국민의 눈높이로 내려왔던 인간적 모습의 대통령에 대한 그리움과 연민, 미안함의 다양한 스펙트럼의 감정이 응축된 합집합의 현상으로 볼 수 있을 것 같습니다. 그렇다고 전직 대통령의 불행한 죽음이 2007년 대선 때 이뤄진 국민적 선택의 의미를 백지화시켰다고 보기는 어렵습니다. 그것은 역사가 준 교훈으로, 그리고 우리가 풀어야 할 과제로 여전히 우리 앞에 놓여 있습니다. 촛불 정국, 국회에서의 정파간 힘겨루기, 전직 대통령 서거 이후의 정치권 긴장고조 등 정신 차릴 수 없는 사건들이 이어지면서 바로 우리가 놓치고 있는 것은 2007년 말의 그 출발점이 아닐는지요? 국민의 역사적 선택에 머리 숙였던 그 초심이 아닐까 합니다.

다시 기억의 시계바늘을 되돌려봅니다. 국민이 정권을 바꿔가며 이야기하고자 했던 것은 '내 편 네 편 하는 이념적 편 가르기에 너무 지쳤다, 제발 경제에 다시 생기를 불어넣는 일에 매진해달라' 는 것이었습니다. 이념의 깃발을 내리고 실용의 푯대를 올려달라는 요구였습니다. 이명박 대통령의 취임사는 일단 이 같은 국민의 소리를 잘 실어담았습니다. '이념의 시대를 넘어 실용의 시대로 나가자', '대한민국의 선진화를 이루는 데 너와 내가 따로 없다' 는 선언. 시대정신이 투영된 새 출발의 적절한 좌표였습니다.

문제는 좌표는 그대로인데 한국 사회의 항로가 우왕좌왕 갈지 자를 보이며 조준점도 잘못된 방향을 향하고 있는 것 아닌가 하는 데 있습니다. 툭하면 좌파네 우파네 하는 편 가르기의 악습은 여전한 모습입니다. 그러다 보니 기세 싸움 탓에 좌는 더 좌향좌로, 우는 더 우향우로 향하는 건 아닐까요? 분배 병행형 보수나 성장 친화형 진보라는 중립지대는 그 토양마저 말라버린 지경입니다. 경제를 살려달라는, 기업하고 싶은 의욕을 북돋아달라는 목소리는 국민의 명령이 아니라 단지 참고사항으로 강등된 게 아닌가 하는 의구심마저 듭니다.

민간기업들은 고객의 소리에 귀를 기울이는 절차가 아예 시스템화돼 있습니다. 상품이나 서비스에 대한 고객의 평가를 상시적으로 파악해 거기에 회사의 경영을 맞춰갑니다. 고객 감동은 생존의 필요충분조건이기 때문입니다.

그런데 정부나 정치권은 현재 고객인 국민의 소리를 상시 경청하는 고객 우선의 행정과 정치를 펼쳐나가고 있는 걸까요? "기업의 자율을 최대한 보장할 것으로 기대했는데 오히려 지금은 정부 주도의 정책에 주눅이 들어 움츠리고 있다"는 기업 신문고에서 울리는 소리, "정치가 아무리 정권 장악을 위한 싸움이라고 해도 야권도 민생현안에 팔을 걷어붙이고 나서야 되는 거 아니냐"는 항변들 모두 다름 아닌 고객 불만 사례입니다.

1990년대 중반 대선 후보로 나선 미국 민주당의 클린턴과 영국 노동당의 토니 블레어는 고객인 국민의 요구에 맞춰 변절까지 마다하지 않았습니다. 유권자들이 보수화하자 기존의 진보적 정책을 대폭 수술해 작은 정부, 친 노조정책의 포기 등 보수정당이 내놓을 법한 정책을 표방하는 데 주저하지 않았습니다. 국민의 마음을 읽은 이 두 사람은 결국 고객의 선택을 받게 됩니다.

경제위기와 정치적 소용돌이의 와중에 놓인 한국 경제. 정부와 정치권의 유연한 변신으로 자영업자 A씨, 취업 준비생 B씨 같은 보통사람들의 삶에 희망을 주는 '실용의 시대' 가 열렸으면 합니다. 국민의 아픔을 어루만지는 목민(牧民)의 정치를 편 측에 역사는 '국민의 선택' 이라는 선물을 안겨줄 것입니다.

사이버 대란, 부정적 네트워크 효과의 전형

최근 국내 주요 웹사이트에 대한 Ddos, 즉 분산 서비스 거부 공격이 계속되면서 사이버 대란이 벌어졌습니다. 사이버 테러의 집중 공격대상이 된 웹사이트들에는 일시적 장애 현상이 빚어졌고, 악성코드에 감염돼 데이터가 손상된 PC도 잇따라 발생했습니다. 신종플루 확산에 이은 이번 사이버 대란은 네트워크로 연결된 세계가 얼마나 질병 발생이나 사이버 공격에 취약한지를 잘 보여준 사례가 되고 있습니다.

이 같은 일들을 염두에 두면서 이른바 '네트 효과'라고 하는 현상에 대해 같이 생각해보겠습니다. 네트워크 효과란 한마디로 더 많은 사람이 사용할수록 어떤 제품이나 서비스를 이용하는 사람이 더 많은 이익이나 혜택을 보는 것을 말합니다.

예를 몇 가지 들어보겠습니다. 여러분은 주요 포탈사이트인 네이버가 제공하는 지식인 서비스를 자주 이용하실 겁니다. 본인이 궁금해하는 점을 다른 이용자들에게 물어보면 짧은 시간에 원하는 답을 얻을 수 있는 이점이 있기 때문입니다. 사용자가 많을수록 정답을 얻을 수 있는 확률이 높아지고 소요되는 시간도 짧아지겠지요.

최휘영 전 NHN 사장은 한 강연에서 재미있는 사례를 이야기를 한 바 있습니다. 새벽 시간에 한 이용자가 지식인에 집에서 가까운 맛있는 족발집을 소개해달라는 질문을 올렸는데, 짧은 시간에 이용자간에 문답이 오가더니 결국 '족발 방금 배달됐습니다' 라는 문장을 끝으로 상황이 종결됐다는 겁니다. 이게 바로 네트워크 효과입니다. 많은 이용자들이 서로 도움을 주고받는 시스템을 만든 것입니다.

네트워크 효과는 상품의 성장이나 소멸 같은 결과를 가져오기도 합니다. 혹시 기억이 나실지 모르겠습니다만 VCR, 즉 비디오카세트 리코더가 출시될 당시 두 가지 제품이 있었지요. 소니가 주축이 된 컨소시엄이 만든 베타와 JVC가 제조한 VHS였습니다. 외견상으로는 이 두 제품의 경쟁에서 소니의 베타가 훨씬 유리해 보였습니다. 여러 측면에서 베타가 성능이 좋았습니다. 다만 가격이 비싼 게 흠이었습니다. 소니로선 고가의 우량 제품으로 시장을 확보하는 차별화 전략을 쓰겠다는 생각이었을 겁니다.

하지만 이 가격차이가 네트워크 효과와 맞물리면서 소니에 재앙을 가져다줍니다. 소비자들이 가격이 싼 VHS를 선호하면서 VHS 사용자가 급속하게 늘어났습니다. 시장이 이렇게 변화되자 점점 더 많은 비디오 제작업체들이 VHS에서만 볼 수 있는 비디오를 만들어냅니다. 결과는 VHS의 완승이었습니다. 소니는 눈물을 머금고 베타를 시장에서 철수시키게 됩니다. 과거의 일이지만 소니가 네트워크 효과를 염두에 두었다면 다른 가격정책을 썼을 것이고, 비디오 시장의 판도는 달라졌을지도 모릅니다.

지금까지 말씀드린 대로 네트워크 효과는 그 이용자들에게 많은 도움을 가져다줍니다. 예컨대 엑셀 이용자가 많아지다 보니까 엑셀 사용에 대한 책이 발간돼 초보자가 쉽게 배울 수 있는 길도 열리고, 사용하다 문제가 생기면 다른 사람에게 물어볼 수도 있는 것입니다. 그러나 이번 사이버 테러는 이 같은 네트워크가 악의를 가진 사용자의 공격에 얼마나 취약한지를 잘 보여줬습니다.

2008년 하반기에 본격화된 서브프라임 모기지 부실 사태는 어떻습니까? 미국의 주택을 담보로 한 금융상품이 전 세계 네트워크를 통해 금융기관들에게 팔려나갔지요. 다른 나라의 금융기관들은 돈을 빌린 미국 가계의 소득이나 채무 상태도 모르고 이 금융상품을 샀습니다. 그런데 주택가격 급락으로 대출이 부실화되면서 대부분 위기의 덫에 걸려든 겁니다. 모두 네트워크 효과가 가져다 준 부정적 여파에 휩쓸린 경우라고 할 수 있습니다.

하지만 구더기 무섭다고 장을 담그지 않을 수는 없는 법입니다. 우리 생활의 큰 축이 된 네트워크를 역류하기란 이제는 불가능한 상황이 됐습니다. 네트워크가 가져다주는 긍정적 효과가 국내외 경제를 지탱하는 중요한 인프라가 됐기 때문입니다. 결국 이 네트워크를 사이버 테러집단이나 비이성적 판단으로부터 지켜내 효율성과 건강성을 유지해나가는 것이 우리에게 과제로 남게 됐습니다.

공기업 개혁이 필요하다

저는 20여 년 이상 경제기자로 활동해왔습니다. 그런데 그동안 정권이 바뀔 때마다 가장 많이 들었던 이야기 중 하나는 공기업 개혁입니다. 어느 정부든 집권 초기에 제시하는 주요 국정과제의 메뉴에는 공기업을 손보겠다는 것이 꼭 들어 있습니다. 주인을 찾아주겠다, 군살을 빼겠다 하는 내용이 '약방에 감초' 처럼 들어 있지요.

대표적인 예로 공기업 민영화는 국정과제의 단골 메뉴이지만 지난 1968년 이후 실제로 실시된 것은 다섯 차례에 불과합니다. 아예 1998년 이후에는 10년 이상 민영화 공백 기간이 이어지고 있습니다. 외환위기 중이었던 1997년에도 정부 산하기관 혁신 계획이 발표됐습니다. 한국전력공사와 한국가스공사에게 민간의 새 주인을 찾아주겠다고 했지만, 아직도 이 두 기관의 대주주는 정부입니다. 당초 계획이 너무 의욕적이었거나 공기업 체제를 근본부터 뜯어고치는 게 쉽지 않은 탓도 있겠지요. 하지만 그보다는 지난 정부들이 집권 초기에 계획은 그럴 듯하게 발표해놓고, 실제는 이런저런 이유를 대며 슬며시 꼬리를 내린 이유가 더 클 겁니다.

혁신이 지지부진하다 보니 공기업의 살림살이를 들여다보면 주인인 국민 입장에서 답답한 것이 한두 가지가 아닙니다. 국민 세금으로 운영되는 기업들인데도 임금 수준이 잘나간다는 대기업도 따라가지 못할 정도입니다. 산업은행을 비롯해 상위 10개 공기업의 직원 평균연봉이 8,560만 원입니다. 우리나라 최고의 기업이자 글로벌 기업인 삼성전자보다도 2,500만 원이 더 많습니다. 정부가 울타리쳐준 영역에서 상대적으로 손쉽게 영업하는 공기업들인데 뭐가 잘못돼도 한참 잘못된 겁니다. 여기에 비효율적인 방만경영도 항상 도마 위에 오릅니다.

이명박 대통령은 최근 공공기관장들에게 개혁할 자신이 없으면 차라리 물러나라고 강도 높게 경고했습니다. 현 정부도 앞으로 민영화, 통폐합 등을 골격으로 공기업 개혁을 추진해나갈 생각인 것 같습니다. 여기에서 다시 생각해봅니다. 전직 CEO였던 대통령이 지휘하는 현 정부는 정말로 이번에는 공기업 수술 작업에 있어 화려한 수사보다는 강력한 실행력을 보여주기를 바랍니다. 집권 초기에 발표하는 전시성 반짝 정책이 아니라 임기 중 끝장을 보겠다는 각오로 지속적으로 진행돼야 하겠습니다.

과거의 경험을 보면 나중에 가다가 '생각해보니 아닌 것 같다' 하고 꼬리를 내릴 이유는 얼마든지 있을 것입니다. 민영화를 하자니 대기업에 대한 특혜시비가 불거질 소지가 있고, 민간에 경영을 넘기면 전력 같은 공공요금이 오를 것이라는 반론도 제기될 것입니다. 또 주식을 시장에 내다 팔자니 증시 수급에 부담이 된다는 지적이 나올 것이고, 새 주인이 바뀔 경우 구조조정을 우려한 노조의 반발도 만만치 않을 것입니다. 그동안 겪은 사례들이기 때문에 어떤 일이 있을지 눈앞에 선합니다.

이 대목에서 정말 중요한 사람이 있습니다. 해당 공기업의 CEO입니다. 애당초 낙하산 타고 내려왔기 때문에 평지풍파 일으키지 않고 적당히 임기만 채우고 가겠다는 기관장은 해당 기업의 미래를 위해 퇴진하는 게 바람직할 것입니다. "내가 맡은 기관이 툭 하면 개혁의 대상에 오르내리지 않도록 하기 위해 대를 위해 소를 버리는 마음 자세로 대수술을 하겠다"는 단단한 각오를 해야 할 겁니다. 그게 그들에게 내린 국민의 명령이며 시대적 소명입니다.

"무엇을 해야 하는가 묻는다. 기꺼이 책임을 떠맡고 결정을 내린다." 피터 드러커가 말한 효율적인 리더들의 여덟 가지 덕목 중 하나입니다. 공기업 사장님들이 귀담아들을 만한 이야기인 것 같습니다.

5

경제에서
희망을 논하다

세계 최고 부자=아프리카 목동?

미국의 시사 주간지 비즈니스 위크는 3년 전에 세계 178개국 8만여 명의 국민들을 대상으로 실시한 설문조사 결과를 토대로 세계에서 가장 행복한 나라들을 발표한 바 있습니다. 명단에 포함된 나라는 어떤 나라들일까요? 미국이나 일본, 싱가포르 같은 나라들이 포함돼 있을 것 같지만, 실상은 그렇지가 않습니다. 조사 결과를 보면 1위 덴마크, 2위 스위스, 3위 오스트리아로 소득 수준이 높고 복지가 잘된 유럽 강소국의 국민들이 행복한 삶을 누리고 있는 것으로 나타났습니다. 그런데 의외의 국가가 상위권에서 눈에 띕니다. 바로 부탄입니다. 인구 230만 명으로 아시아에서 가장 작고 가난한 나라인 이 나라가 8위에 랭크된 것입니다. 행복이 소득 순은 아니라는 것을 잘 보여준 사례지요.

우리나라에서는 최근 행복경제연구소가 소득 수준별로 행복지수를 측정했는데요. 한 달 소득이 1천만 원을 넘는 가구와 소득 300만 원대 가구의 행복지수가 비슷한 것으로 나타났습니다. 돈이 많을수록 행복할 것이라는 예상이 깨진 것이지요.

사실 우리 모두는 행복하기를 원하지만 그 방법을 잘 모르는 것 같습니다. 영국의 공영방송인 BBC는 지난 2005년 런던 근교의 슬로우 시민을 대상으로 실험한 결과를 토대로 행복이라는 다큐멘터리를 방송하고, 이 내용을 책으로 펴냅니다. 결론은 행복은 연습할수록 늘고 삶의 습관이라는 것입니다. 특히 앞의 두 가지 예에서 나타났듯이 일단 기본적인 욕구가 충족되고 나면 여분의 돈이 있다고 해서 더 행복해지지는 않는다는 것입니다.

그러면 행복해지는 방법에는 무엇이 있을까요? 이 책은 마음을 열어 친구들과 우정을 나누는 것을 첫 번째 방법으로 제시합니다. 친밀한 우정이 있는 사람이 병원에 덜 가며, 혼자 있을 때보다 여럿이 있을 때 30배나 더 웃는다는 조사결과가 제시됩니다.

돈 문제도 다시 생각해봅니다. 참 난감한 문제지요. 우리는 성공을 최고의 목표로 추구하는데, 이 책에서는 오히려 자족이 중요하다고 강조합니다. 포브스지가 선정한 세계 최고 부자 400명의 행복 수준은 동아프리카 마사이족의 목동이 느끼는 행복 수준과 동일하다고 합니다. 복권에 당첨돼 벼락부자가 된 사람들은 5년 후에는 이전의 행복 수준으로 되돌아간다고 합니다. 결국 더 많은 소유에 집착하지 말고 현재 가진 게 얼마나 많은지 생각해보는 긍정적 자세가 행복의 지름길이라는 겁니다.

행복은 마음 먹기에 달렸다는 말이지만, 노력하면 행복해지는 방법도 있습니다. 먼저 음식물 섭취입니다. 뇌에서 분비되는 화학물질 가운데 음식에 의존하는 화학물질이 우리의 기분을 조절하는데, 세르토닌, 베타 엔도르핀과 혈당의 균형이 잘 맞아야 한다고 합니다. 음식으로 행복을 증진시키기 위해서는 신선한 과일과 채소, 유기농 식품을 자주 먹고, 물은 하루에 최소 6~8잔 마시라는 주문입니다. 대신 육류와 소금, 설탕 섭취량을 줄이고 비스킷 같은 인스턴트 음식은 피해야 합니다.

운동도 우리가 손쉽게 선택할 수 있는 길입니다. 운동을 하면 항스트레스 호르몬인 엔돌핀의 분비가 촉진됩니다. 혈액 순환과 산소 운반 능력이 향상되고 뇌세포도 새로 만들어지는 효과가 있다고 합니다. 일주일에 3회, 30분씩의 운동이면 충분하다고 하네요.

행복에 이르는 길에는 이밖에도 자신의 일 사랑하기, 행복한 가정 꾸리기 등이 있습니다. 하지만 결국 가장 중요한 것은 마음 먹기입니다. 티베트의 정신적 지도자 달라이라마는 자신의 저서 『행복론』에서 말합니다. "탐욕의 반대는 무욕이 아니라 만족이다. 당신이 큰 만족감을 가지고 산다면 어떤 것을 소유하는가는 문제가 안 된다. 어떤 경우에도 당신은 변함없이 만족할 수 있다."

여백

도종환

언덕 위에 줄지어 선 나무들이 아름다운 건
나무 뒤에서 말없이
나무들을 받아 안고 있는 여백 때문이다

나뭇가지들이 살아온 길과 세세한 잔가지
하나하나의 흔들림까지 다 보여주는
넉넉한 허공 때문이다

빽빽한 숲에서는 보이지 않는
나뭇가지들끼리의 균형

가장 자연스럽게 뻗어 있는 생명의 손가락을
일일이 쓰다듬어 주고 있는 빈 하늘 때문이다

여백이 없는 풍경은 아름답지 않다
비어 있는 곳이 없는 사람은 아름답지 않다
여백을 가장 든든한 배경으로 삶을 줄 모르는 사람은

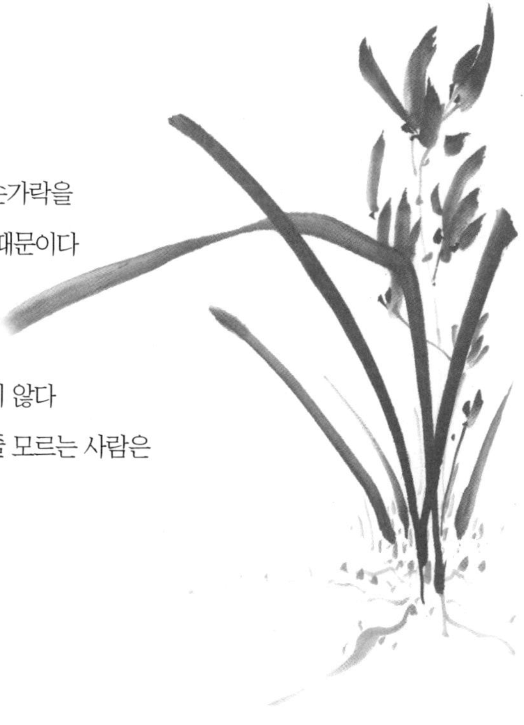

자전거, 그 느림의 美學

좁은 골목길, 그 사이를 이리저리 비켜가며 열심히 페달을 돌리던 세발자전거. 누구에게나 남아 있을 어린 시절 자전거의 추억일 겁니다. 여러분에게 자전거는 어떤 기억으로 다가오는지요?

이명박 대통령이 그리는 녹색뉴딜, 녹색성장 정책의 일환으로 자전거 산업을 적극 육성하겠다는 의지를 밝히면서 자전거 관련 주식이 급등을 하고, 자전거를 배우겠다는 사람들도 부쩍 늘고 있습니다. 특히 4대강 사업을 잘 마무리해 국민들이 자전거를 타고 서울과 지방을 오갈 수 있게 하는 등 전국을 실핏줄처럼 자전거도로로 연결하겠다는 계획은 말만 들어도 설레이는 미래입니다.

저에게 자전거는 과거의 숨결입니다. 많은 분들이 그러하실 겁니다. 자그마한 중소도시에서 자란 저는 자전거를 타고 3년 동안 고등학교를 통학했습니다. 자전거 뒤의 받침대에 가방과 도시락을 묶어 매고 오갔던 그 등 · 하굣길, 이제는 아련한 추억이네요. 당시 도로는 자동차와 자전거, 사람이 공존하는, 말 그대로 '삶의 현장' 이었지요.

혹시 〈자전거 도둑〉이라는 영화를 보셨는지요. 2차 대전 후 이탈리아를 배경으로 그려진 흑백 영화인데요. 힘겨운 생활 속에서 호구지책으로 벽보를 붙이는 일을 하는 안토니오는 이리저리 옮겨다녀야 하기 때문에 그에게 자전거는 생명이나 다름없는 소중한 보물입니다. 그런 자전거를 도둑맞고 범인을 추적하는 안토니오. 결국 자기 자전거를 찾지 못한 채 안토니오는 자신도 자전거를 훔치다 잡히고 맙니다. 전후 이탈리아 서민의 꿈과 좌절을 그린 이 영화처럼 자전거는 우리에게도 단순한 이동 수단이 아니라 삶의 고단함과 추억이 진하게 배어 있는 과거의 흔적입니다.

자전거는 또 그 자체가 느림의 미학입니다. 빠른 것만을 추구하는 현대사회에서 우리는 초고속의 삶을 살아갑니다. 자동차, KTX에서부터 현재 개발 단계에 있는 초음속 항공기까지 '빨리 빨리' 가 시대적 명제가 돼 버렸습니다. 남보다 더 빨리 가려 하고 남보다 더 많이 가지려 하는 과속이 생활화돼 버린 것입니다. 그런데 속도 경쟁에 온 힘을 쏟고 있다고 해서 우리가 정말 빠른 걸까요?

지구의 자전과 공전 속도는 얼마나 될까요? 한번 학창시절로 돌아가

추측해보세요. 혹시 모르셨다면 놀라실 겁니다. 자전 속도는 초속 416m, 공전 속도는 초속 29km입니다. 여러분은 지금 태양 주위를 일초에 29km의 속도로 돌면서 스스로 1초에 416m로 돌고 있는 초고속 행성 위에 살고 있는 겁니다. 빛이 1초에 300km를 간다고 하니 지구의 속도는 상상이 안 가지요. 그만큼 우리가 느린 겁니다. 자전거는 그래서 우리가 본질적으로 가진 느림의 미학과 궤를 같이 합니다. 질주의 착시를 가지고 앞만 보고 달렸던 삶에 주변의 자연과 사람을 돌아볼 수 있는 여유를 되찾아줍니다.

신영복 선생은 말합니다. "자동차를 타고 빠른 속도로 가는 사람에게 1m의 코스모스 길은 한 점에 불과합니다. 그러나 천천히 걸어가는 사람에게는 가을을 남김없이 담을 수 있는 아름다운 꽃길이 됩니다." 그렇습니다. 우리는 자전거를 통해 '우선 멈춤'의 지혜를 갖게 돼 삶의 경제속도를 찾게 되는 겁니다.

또한 자전거는 우리에게 보리밥 같은 존재입니다. 가난했던 시절 100% 쌀밥을 먹기 어려워 보리를 넣은 혼식 도시락을 들고 다녀야 했습니다. 지금은 어떻습니까? 보리밥은 건강식이 되었습니다. 자전거도 마찬가지입니다. 자가용 가진 집을 찾아보기 어려웠던 시절, 자전거는 우리에게 발이 되어준 교통수단입니다. 그런데 지금은 레포츠 용품이 됐지요. 강변의 휴식은 물론 체력 단련을 위해 산과 언덕을 누비곤 합니다. 자전거 타기만으로도 심장병 발병 확률이 50% 줄어든다고 하네요. 경제가 발전하면서 소득 수준이 그만큼 올라갔음을 보여주는 증거가 됐지요.

자전거는 우리에게 단순히 대상이고 객체가 아니라 우리의 심장 깊숙이 들어와 있는 문화입니다. '세계 3대 자전거 생산국이 되자!' 같은 경제 산업적 목표도 간과돼서는 안 됩니다. 하지만 4대강 살리기와 병행되는 이번 전국 자전거도로 계획이, 말 그대로 환경 친화적으로 이뤄져 국민들에게 추억과 느림의 맛을 돌려주는 문화적 대사업이 되기를 희망합니다. 매일 회색 콘크리트 빌딩 안에서 업무에 지친 여러분들도 자전거를 통해 '녹색의 여유'를 회복하시기를 기대합니다.

"조금만 내 삶의 속도를 멈추면 세상엔 참 볼 것도 많고 생각할 거리도 많다." (최복현, 『여유』 중에서)

작은 기쁨과 친해지자

얼마 전 '생각만 하면 생각대로 비비디 바비디 부~!!' 라는 광고 멘트가 사람들에게 인기를 끌었습니다. 마법사가 주문을 외우는 것처럼 '비비디 바비디 부~!!' 라고 외쳐서 무엇이든 바꿀 수 있다면 세상은 어떻게 변할까요? 그런데 요즘은 사실 굳이 이런 마법의 주문을 외치지 않아도 무섭게 변하는 세상이긴 합니다.

한동안 우리 경제는 이 노랫말처럼 모든 걸 다 바꾸는 열풍에 빠져 있었습니다. 한 경영자는 직원들에게 '자식과 마누라만 빼고 다 바꾸자' 라며 신경영을 주도하면서 신드롬을 일으키기도 했었죠. 그런데 사실 이 '바꿔' 열풍의 역사는 아주 오래 전으로 거슬러 올라갑니다. 200여 년 전에 프랑스 대혁명이 일어났을 때도 '바꿔' 열풍이 불어서 어디서나 '혁신' 이라는 단어가 가장 중요한 화두였다고 합니다. 그런데 '혁신'을 위해서는 먼저 사람이 바뀌어야 합니다. 그래서 혁명가들이 가장 중요하게 생각했던 과제의 하나가 신 인간(l' homme nouveau)의 창조였다고 하는데요. 결과는 어땠을까요? 사람의 변화는 단숨에 되는 일이 아니라는 것이 역사가 말해주는 교훈입니다. 말 그대로 이상적인 인간의 모습을 새롭게 만들 수는 없었다는 것이죠.

어쩌면 우리 경제도 마찬가지 아닐까요? 이삼일이 멀다 하고 경제위기를 극복하기 위한 수많은 대책들이 쏟아지고, 때로는 위압적일 정도로 강도 높은 변화의 요구를 받기도 합니다. 살아남기 위해선 '무조건 바뀌어야 한다'는 말이죠. 물론 '변화'라는 것이 나쁜 것은 아닙니다. 오히려 변화에 보폭을 맞추지 못하면 낙오되고 마는 것이 현실입니다. 그런데 너무나 많은 변화를 요구받고 그에 쫓기다 보니 정작 중요한 것은 잊고 있다는 생각이 들기도 합니다. 바로 '지금 우리가 시도하고 있는 변화가 과연 우리를 진정 행복하게 해줄 것인가'라는 문제입니다.

혹독한 겨울이었던 지난 1997년 외환위기의 와중에 한국 사회와 경제구조가 근본부터 바뀌었지만 여러분은 더 행복해지셨습니까? 요즘 대한민국 국민들은 부동산, 교육, 거기다 거시경제까지 최소 3개 분야에서는 도통해야 능력 있는 사람으로 인정받습니다. 지난 10년 동안 불어닥친 경제적 격변들이 재테크 열풍을 불게 했고, '재정과 환율' '소비지표와 경기지표'까지 줄줄이 꿰야 하는 세상으로 만들어버렸기 때문입니다.

사실 멀리 갈 필요도 없이 우리 아이들만 봐도 산더미 같은 공부는 기본이고, 음악, 미술, 태권도에 능통한 만능인간으로 개조되고 있습니다. 두말할 필요도 없이 요즘 화두는 '배워야 산다' 입니다. '배움' 그 자체보다는 '살기 위해 배우자' 는 거죠. 그런데 뭘 배워야 하는 걸까요? 부자가 되는 법, 재산을 지키는 고도의 기술만이 우리를 행복하게 해줄까요? GDP는 계속 성장하고 세상은 풍족해지는데 왜 '풍요 속 빈곤' 이라는 말이 나오는 걸까요? 어쩌면 'GDP 성장' 이 곧 '만인의 행복' 이라는 도식이 정당하지 않다는 반증이 아닐까요?

우리는 채우려고만 할 뿐 비우는 훈련을 게을리 합니다. 경제 기초이론에도 나오지요. 무조건 많이 갖는다고 주관적 만족도가 계속 늘어나는 것은 아닙니다. 어느 수준에서 만족의 증가 속도가 멈춰버립니다. 결국 중요한 것은 자족하는 법을 아는 것입니다. 오히려 이를 알기 위해 변화하는 게 삶의 지혜일지도 모릅니다.

작은 기쁨

이해인

사랑의 먼 길을 가려면
작은 기쁨들과 친해야 하네
아침에 눈을 뜨면
작은 기쁨을 부르고
밤에 눈을 감으면
작은 기쁨을 부르고
자꾸만 부르다 보니
작은 기쁨들은
이제 큰 빛이 되어
나의 내면을 밝히고...
커다란 강물이 되어
내 혼을 적시네...

중략...

고맙다고 말하면서
즐겁다고 말하면서
자꾸만 웃어야지

부피가 큰 삶을 살자

여러분은 살면서 가장 중요한 것이 무엇입니까? 잡힐 듯 잡힐 듯하면서 잡히지 않는, 사막의 오아시스처럼 다가서면 저 멀리 가버리는 것이 있나요? 이 두 질문에 대한 저의 공통된 답은 '행복' 입니다. 많은 분들이 고개를 끄덕이실 거라고 생각됩니다.

그런데 행복을 찾고 행복과 동행하는 삶의 방식에 대해 우리는 잘 알지 못합니다. 우리 사회와 교육은 행복에 대해 주로 직선적인 사고방식만을 세뇌시켜왔습니다. 줄세우기식 교육으로 인해 어렸을 때부터 자녀를 상위권 인재로 만들기 위해 모두가 난리입니다. 아이들은 학교 끝나기가 무섭게 국어, 수학, 영어에서부터 피아노, 태권도 학원까지 학원 투어(?)를 하느라 정신이 없습니다. 가히 전 국민이 태권도단이 되고 피아니스트가 되는 체육, 예술 대국을 만들 기세입니다.

학업을 마친 후의 사회생활은 어떻습니까? 남보다 더 앞서가고 더 갖고 더 높이 오르려는 경쟁의 연속입니다. 직선상에서 누가 더 멀리 갔는가를 두고 행복의 순위를 매기려는 일차원적 배틀을 하고 있는 셈입니다. 사는 게 다 그런 거 아니냐고 스스로를 위로해볼 수도 있겠지만, 문제는 국민들이 전혀 행복하지 않다는 데 있습니다.

영국의 레스터대학이 2006년 자료를 가지고 만든 세계 최초의 행복지도에 나타난 우리 국민의 행복 체감 정도는 충격적입니다. 순위만 103위로, 방글라데시 바로 앞자리에 위치하고 있습니다. 우리를 앞선 나라들은 미국(23위)이나 유럽 국가들은 물론 부탄(8위), 몽골(59위), 타이(76위), 가봉(88위), 베트남(95위) 등이 있습니다. 경제나 무역 규모에서 세계 10위권이라고 자부해온 나라의 체감 행복 수준이 바닥권인 것입니다.

이웃나라인 일본도 상황은 마찬가지입니다. 한때 세계 2위의 경제대국이었던 일본의 국민행복지수는 90위입니다. 일본의 문화인류학자 쓰지 신이치는 자신의 저서 『행복경제학』에서 불행한 일본 국민에 대해 말합니다. “물질적으로 아무리 풍족해도 행복해지지는 않는다. 그것이 내가 보아온 일본인의 모습이었다. 지갑이 두꺼워지면 두꺼워질수록 사람들은 더 바빠지기만 하고, 이기적으로 변하고 욕심쟁이가 되고 오만해지는 것처럼 보였다.” 일본인의 부끄러운 자화상에 대한 고백이지만, 이를 그대로 한국 사회에 적용해도 달라질 게 없어 보입니다. 두 나라 국민 모두 행복의 근원을 더 멀리, 더 높이의 직선적 사고에서 찾는 함정에 빠져 있습니다.

행복이란 무엇일까요? 영어의 'happiness'는 스칸디나비아 말인 'happ'에서 유래했는데 '행운'이란 뜻이 있다고 합니다. 행복은 좋은 느낌과 긍정적인 마음을 가지고 자신의 삶을 가치있게 느끼며 활기차게 사는 상태를 말합니다. 문제는 직선 위에서 전진하려 하는 소유 지향의 자세가 행복을 가져다주지 않는 데 있습니다.

영국의 여론조사기관인 MORI가 2004년에 실시한 조사결과를 보면, 삶의 만족도와 절대적인 소득 수준은 그다지 상관관계가 없는 것으로 나타났습니다. 영국의 경제학자 앤드루 오스왈드는 말합니다. "인간은 지금보다 몇천 파운드를 더 벌면 더 행복해질 것이라는 착각을 한다. 그러나 결코 그렇지 않다. 돈으로 지위를 살 수는 있어도 그 지위가 그 사람을 행복하게 만드는 것은 아니기 때문이다."

맞는 말입니다. 행복은 우리가 직선적 삶에서 벗어나 2차원적 평면과 3차원적 공간을 바라봐야 찾아오는 인생의 선물입니다. 우리는 긴 시간의 여정 속에서 자기가 바라보는 시선을 따라 길을 걸어갑니다. 걸어온 거리만을 재며 앞서 가는 사람의 등을 바라보며 조급함을 가진 채 발길을 재촉하는 '직선의 삶'은 그 뿌리에서부터 행복과는 거리가 멉니다.

조금 늦더라도 주위를 둘러봐야 합니다. 들숨과 날숨을 같이 쉬는 사람과 동물, 그리고 모두를 품은 채 생명의 근원이 되는 자연을 느껴야 합니다. 푸르름으로 시선을 유혹하는 들판과 여행길을 같이 가는 마을 사람들과의 정겨운 조우, 앞과 옆을 번갈아 볼 줄 아는 여유와 배려, 그 평면의 삶에서부터 만족감의 여울이 자리를 잡을 수 있는 터가 생깁니다. 여기에 하늘을 올려다볼 수 있는 '조나단의 갈매기' 같은 입체적 시선을 가질 수 있다면 행복에 더 다가설 수 있지 않을까요? 우리 삶의 왜소함을 비춰주는 하늘, 해와 달 속에서 사색하고 명상하고 긍정의 영성을 가져보면 어떨까요? 직선의 삶보다 멀리는 못 갔어도, 높이는 못 올랐어도, 자연과 친구 그리고 사색의 하늘이 한데 어우러져 채우는 공간, 그 부피가 있어 우리 삶은 더 풍성해지지 않을까요?

부탄의 지그메 싱기에 왕추크 전 국왕은 일찍이 1970년대에 GNH(Gross National Happiness, 국민총행복)을 언급했다고 합니다. 직선적 사고가 잔뜩 깔려 있는 기존의 GNP(국민총생산)나 GDP(국내총생산)로는 국민의 행복 수준을 제대로 담아낼 수 없다는 것을 간파한 것입니다.

맞습니다. 공기나 하천오염이 심해져 오염을 제거하는 산업이 발전하면 GDP는 늘어납니다. 범죄가 기승을 부려 경찰력이 늘어나고 장비 투자도 증가하면 그만큼 경제는 성장한 것으로 집계됩니다. 말이 안 되는 얘기지요. 오염이나 범죄가 늘어나면 국민의 행복도는 하향 곡선을 그릴 텐데 물량 위주의 측정지표로는 국민의 생활 수준이 나아진 것으로 보이는 문제점이 노출되는 것입니다. GDP는 눈속임이니 국민의 행복지수를 새로 만들자는 국제적 논의가 활기를 띠고 있는 것도 결국은 '부피가 큰 질적인 경제성장' 이 삶의 만족도를 높여준다는 인식의 전환에 따른 것입니다.

티베트의 명상·수행자 욘케이 밍규르 린포체는 저서 『티베트의 즐거운 지혜』에서 우리 모두에게 질문을 던집니다. "이곳은 모든 게 훌륭합니다. 당신들은 멋진 집, 멋진 차, 멋진 직업을 가졌습니다. 그런데 왜 이토록 많은 불행이 있는 거죠?" 이 글의 답은 이렇습니다. "옆과 위를 바라보며 사는, 부피가 큰 삶을 살지 못한 채 직선 위의 어리석은 행로를 걷고 있기 때문입니다." 여러분, 길이만 있는 게 아닌, 넓이와 부피도 있는 행복의 길에 동승해보면 어떨까요?

눈물과 고통 속에서 피어나는 진주

태극전사 양용은 선수가 골프 황제 타이거우즈를 꺾고 PGA 우승컵을 거머쥐었을 때 정말 통쾌했지요? 넘을 수 없을 것 같은 거대한 산을 넘은 기분!! 타이거우즈라는 세계 1위의 골프천재를 꺾은 쾌거!! 나이트클럽 웨이터, 골프장에서 공 줍는 일을 하면서도 어려운 환경에 무릎 꿇지 않고 집념과 끈기, 열정으로 자신의 꿈을 이뤄낸 양용은 선수의 성공 드라마는 우리에게 감동을 주기에 충분했습니다.

요즘 경기가 회복 기미를 보이고 있다고는 하지만 생활의 무게가 여전히 무거운 분들 많으실 겁니다. 미래는 보이지 않고 하루하루 팍팍한 삶을 하릴없이 걸어가야 하는 발걸음, 지치고 힘드실 겁니다. 하지만 역경 속에서 피어난 진주, 양용은 선수의 우승처럼 희망이 현실로 실현되는 모습은 우리에게 다시 살아갈 에너지를 충전시켜주는 계기가 됩니다.

사실 어려움을 딛고 자기 자신은 물론 사회에 높은 성취를 선물한 인물들은 역사적으로도 적지 않습니다. 율곡 이이와 함께 조선시대의 양대 사상가인 퇴계 이황, 지위 높은 양반으로서 평탄한 삶을 살았을 것 같지만 그렇지가 않습니다. 그는 생후 불과 7개월 되던 때 부친을 여읜 후 가계가 기울어 빈곤 속에서 자랍니다. 퇴계는 사생활도 불행 그 자체였습니다. 일찍이 27세 때 부인 허씨를 잃고 30세 때 부인 권씨와 재혼했지만 46세 때 권씨마저 잃습니다. 설상가상으로 2년 뒤에는 둘째 아들까지 잃습니다. 잇단 시련 속에서도 퇴계는 학문을 사모하는 마음을 꺾지 않고 정진해 관료, 학자, 교육자로서 우리 역사에 큰 족적을 남깁니다.

영혼의 화가, 태양의 화가로 불리는 네덜란드의 인상파 화가 반 고흐는 어땠습니까? 37년이라는 짧은 인생 동안 그는 지독한 가난과 고독, 그리고 병마에 시달렸습니다. 1889년 8월 동생 테오에게 보낸 편지에서 "발작이 또 일어나겠지. 이젠 정말 지긋지긋하다. 지난 나흘 동안은 목이 부어서 아무것도 먹을 수 없었다"고 극한의 생활고를 털어놓습니다. 하지만 그림 속에 자신의 영혼을 불어넣는 열정과 집념으로 고흐는 자살로 생을 마감한 1890년까지 불꽃같은 정열과 격렬한 필치로 879점의 그림을 남깁니다.

지난 400년간 세계인들에게 널리 읽혀진 돈키호테의 저자 세르반테

스도 역경 속에서 피어난 꽃과 같은 인물입니다. 그의 나이 53세 때 하는 일마다 실패로 끝나고 그나마 어렵게 얻은 말단 공무원 자리에서도 해고를 당한 뒤 작은 실수로 감옥에 갇히는 신세가 됩니다. 하지만 그는 좌절하지 않고 감옥에서 창작욕을 불태워 걸작 돈키호테를 인류에게 선물로 남깁니다.

지금까지 양용은 선수, 퇴계 이황, 화가 반 고흐, 작가 세르반테스 이 네 명이 인생의 장애물에 걸려 넘어지지 않고 이를 훌쩍 뛰어넘어 큰 성취를 이룬 이야기를 해드렸습니다. 이밖에도 불운이 성공의 불쏘시개가 된 인물들은 무수히 많습니다. 가족 파산과 사업 실패, 약혼녀 사망, 상하원 의원 네 차례 낙선 등 절망적 상황에도 희망의 불을 끄지 않고 마침내 미국 대통령이 된 링컨, 말더듬이 학습장애우로 낙제를 거듭하는 불운을 딛고 정치인의 길에 들어서 사회개혁 운동을 주도하다 영국 수상 자리에 오른 처칠 등이 그 예입니다. 고난과 고통, 시련에 상처받지 않고 이를 딛고 선 인간승리의 주인공들, 이들의 삶이 우리에게 말해주는 것은 무엇일까요?

채근담에 나오는 글입니다. "역경과 곤궁은 호걸을 단련시키는 하나의 용광로요 쇠망치이다. 그 단련을 견뎌내면 몸과 마음이 모두 유익하지만, 견뎌내지 못하면 몸과 마음이 모두 손상을 입을 것이다." 여러분 모두 어려움 잘 견디셔서 인생의 진주를 빚으시길 기원합니다.

헬렌켈러, 강영우 그리고 이상묵의 '낙관주의'

경기침체가 장기화되면서 어깨 위를 내리 누르는 삶의 무게가 더 무거워지신 분들도 많으실 겁니다. 대학을 졸업했지만 오랜 기간 구직 대열에서 서성거리고 있는 젊은이들도 적지 않을 겁니다. 또 하루아침에 정든 일자리를 떠나 생계가 막막한 분들도 계실 것이고, 수출이나 주문이 줄어 함께 동거동락해온 직원들을 어쩔 수 없이 내보내야 하는 사장님도 계실 겁니다.

사는 게 쉽지 않다고 하지만 불황은 우리에게 삶의 고통지수를 높이고 희망의 빛을 빨아들이는 블랙홀 같은 역할을 하고 있습니다. 하지만 바람이 거셀수록 갈대가 고개를 들 준비를 더욱 힘차게 하듯 먹구름이 몰려온 힘든 상황은 이미 그 자체에 희망의 씨앗을 품고 있습니다.

이 희망의 이야기를 좀 해보겠습니다. 장애와 불의의 사고 등으로 삶을 포기하고 싶을 정도의 역경에도 굴하지 않고 훌륭한 인간승리의 드라마를 일궈낸 헬렌 켈러, 강영우 박사, 이상묵 교수, 불굴의 의지로 역경을 이겨낸 이 세 사람의 삶을 통해 우리는 좌절과 극복, 그리고 인생에서 '희망'을 다시 느끼곤 합니다.

1880년 미국 앨라바마 주에서 태어난 헬렌 켈러. 그녀는 태어난 지 19개월 되었을 때 생사를 넘나드는 질병으로 시각과 청각을 잃고 평생을 칠흑 같은 어둠 속에서 지냅니다. 점자교육 같은 장애우 지원 시스템이 잘 갖춰져 있지 않았던 시절이어서 볼 수 없고 들을 수 없는 그녀의 한계는 삶의 큰 절벽 같은 것이었습니다. 하지만 그 어떤 장애물도 세상에 대한 호기심과 지적 갈망을 꺾어 놓지는 못했습니다. 시청각 대신 촉감으로 사물의 이치를 익히고, 교사가 손바닥에 써주는 글씨와 점자로 정상인보다 뛰어난 지적 성숙을 이뤄나갔습니다.

보통사람도 어렵다는 유명 대학에 들어가고 세계적인 장애인과 여성 인권운동가로 활동하는 등 그녀는 많은 족적을 남겼습니다. 그녀는 자서전에서 말합니다. "행복이 육체적 쾌락이나 물질적 소유로 측정된다면 들을 수도 볼 수도 없는 나는 구석에 쪼그리고 앉아 눈물을 흘릴 수밖에 없으리라. 그러나 내가 행복하다면 낙관주의에 대한 내 이야기는 들을 가치가 있을 것이다."

중학교 재학 중 외상으로 실명을 했지만 미국의 고위 공직자에 임명

되는 등 '아메리칸 드림'을 이룬 강영우 박사는 어떻습니까? 어린 나이에 시력을 잃었지만 기댈 부모도 없고 하나밖에 없는 누나마저 잃은 기막힌 상황, 남은 세 남매가 울며 매달렸지만 각자 맹인재활원, 보육원, 철물점으로 헤어지던 가혹한 불행. 그러나 그는 이 불행을 우뚝 딛고 섭니다. 연세대 문과대 차석 졸업, 미국 피츠버그대 철학박사, 백악관 국가장애위원회 정책차관보 임명 등 정상인도 이루기 힘든 성공의 드라마를 펼쳐냅니다. 말 그대로 인간승리지요. 그는 저서에서 '생각을 바꾸면 새로운 미래가 보인다'고 강조합니다(『꿈이 있으면 미래가 있다』 중에서).

국립대 교수로서 왕성한 활동을 하던 이상묵 서울대 지구환경과학부 교수. 그는 미국의 야외 지질조사를 위해 캘리포니아 주 데쓰밸리로 이동하는 탐사 여정에서 차량 전복사고를 당해 목 아래는 아예 움직일 수 없는 전신마비가 됩니다. 그러나 이 교수는 사고 뒤 6개월 만에 강단에 복귀합니다. 반년 전에는 두발로 걸었지만, 이제는 휠체어에 몸을 싣고 입김을 불어넣어 컴퓨터를 조작하면서 말입니다. 그는 『0.1그램의 희망』이라는 저서에서 이야기합니다. "사고를 통해 장애를 입었지만 다시 재기해 활동하는 데 필요한 최소한의 부분은 하늘이 가져가지 않았다. 횡경막만을 이용해서라도 정상인처럼 이야기할 수 있는 것만 보아도 나는 큰 행운아다."

여러분은 어떻습니까? 상상하기 힘들 정도의 역경을 헤쳐나간 이 세

사람의 '희망'을 일구는 에너지원은 무엇이었을까요? 어려운 현실에 기죽지 않는 강인한 의지를 들 수 있을 것입니다. 하지만 그 의지 뒤에는 어둠 속에서도 희망의 빛을 놓치지 않는 낙관주의가 뿌리내리고 있다고 생각합니다.

경기가 어려워 많이들 힘드시겠지만 여러분께서도 1년 후, 5년 후, 10년 후의 자신의 성공 드라마를 지금부터 차곡차곡 그려나가면서 '희망의 시나리오'를 써보시면 어떻겠습니까?

잘못된 부음기사가 노벨을 살리다

우리나라에서는 한 달에 2만 명 정도가 사망한다고 합니다. 하루 6백 명 이상이 세상을 떠나는 셈이지요. 하루하루가 죽음이 낯설지 않은 상황이지만 2009년은 왠지 허전한 한 해였습니다. 유난히 국민들과 함께했던 분들이 잇따라 돌아가신 한 해였기 때문입니다. 김수환 추기경과 노무현, 김대중 전 대통령이 잇따라 우리 곁을 떠났고, 배우 최진실, 장진영의 죽음도 우리를 슬프게 했습니다. 밖으로는 팝의 황제 마이클잭슨에 이어 에드워드 케네디 미 상원의원이 유명을 달리했습니다. 산다는 것이 곧 죽음과 벗하는 것임을 새삼스럽게 깨닫게 됩니다.

사실 서양의 경우는 산 자와 죽은 자의 경계가 그리 분명하지 않습니다. 생사의 공간이 같이 섞여 있습니다. 주택가에 묘지가 있어 공원 역할을 하고, 아예 성당 안에 묘지가 있는 경우도 있습니다. 죽은 자의 공간이 산 자들에게 휴식과 명상의 기회를 주고 있는 것입니다. 하지만 우리의 경우는 좀 다릅니다. 문화적 차이 탓이겠지만 분명한 격리의 울타리가 쳐져 있습니다. 묘지는 삶의 현장에서 멀찌감치 밀려나 있습니다. 삶은 죽음을 외면하고 구태여 떠올리고 싶어 하지 않는 모습입니다. 이게 더 인간의 본성에 충실한 것인지 모릅니다.

사람은 말로는 '언젠가는 갈 인생' 이라며 삶의 유한성을 인정하면서도 잠재적으론 자신의 불멸성을 믿습니다. 삶을 마감하는 그 벼랑의 순간까지도 소생의 기회에 대한 기대의 끈을 놓치지 않는다고 합니다. 정신의학자 엘리자베스 퀴블러 로스는 말합니다. "은밀하고도 사적인 영역인 무의식의 세계에서는 우리는 죽음이 언제나 내가 아닌 다른 사람에게 일어나는 일이라는 사실을 즐기고 있다." 실체적 유한성과 불멸을 믿는 허위의식, 그 사이에서의 아슬아슬한 줄타기가 우리 삶일지 모릅니다. 하지만 그것이 무엇이든 간에 그 허망한 삶의 끝을 간접체험하는 기회라도 가져본다면 하루하루의 들숨 날숨이 더 나아질 수 있을 것입니다.

다이너마이트를 발명하여 큰돈을 벌고 노벨상을 만든 알프레드 노벨의 이야기입니다. 어느 날 프랑스 신문이 큰 오보를 냈습니다. 「죽음의 상인 노벨이 죽다」란 제목의 기사였습니다. 그의 형 루드비히 노벨이 죽었는데, 이 신문이 실수로 기사를 잘못 쓴 것입니다. 하지만 이 일은 노벨에게는 입에는 쓰지만 몸에는 좋은 약이 됩니다. 자신의 삶을 되돌아보고 죽음의 상인으로 인생을 마치고 싶지 않다는 소망을 가지게 됩니다. 결국 그는 업종은 바꾸지 못했지만 벌어들인 돈을 좋은 일에 쓰기 시작했고, 재산의 94%를 내놓아 노벨상을 제정했습니다. 신문의 오보로 노벨은 헛되지 않은 삶을 살 수 있는 소중한 기회를 갖게 된 것입니다.

이처럼 제 3자의 시각으로 자신의 부음기사를 미리 한번 써보는 것은 어떨까요? 주관적 밀실의 틀 안에서 자신의 삶을 정당화시켜온 허구와 방어논리들이 깨지고, 앞으로의 생을 종전보다 좀 더 깔끔하고 의미있게 살아갈 눈이 열리지 않을까요? 횡으로 종으로 크고 작은 삶의 현장의 구조에 가위 눌려 온 삶이 더 큰 자유의 공간을 발견할 수 있지 않을까요?

중국의 소설가 임어당은 『무덤들 사이로 거닐며』에서 죽음이 주는 자유의 패러독스를 노래합니다. "홀연히 나는 내 목숨이 어느 순간에 끝날 것을 본다. 내가 죽음과 그렇게 가까운 것을 보는 순간 즉시로 나는 내 생 안에서 자유로워진다."

살아 있는 우리는 누구나 예외 없이 언젠가 박동치는 호흡의 출구를 빠져나가 영면의 입구로 들어서게 됩니다. 임상조사 결과를 보면 우리는 죽음의 부정, 분노, 협상, 우울, 수용의 단계를 거친다고 합니다. 죽음이 삶의 끝인지 새로운 무엇인가의 시작인지에 대해서는 종교적 신념에 따라 생각하는 바가 다르겠지만, 필자는 새로운 출발점이라고 믿습니다. 그렇기에 언젠가 커튼이 내려질 내 삶을 어리석지 않게, 타인을 아프게 하기보다 행복하게 해주며, 내가 살아가는 현재의 세상이 조금 더 나아지는 데 도움을 주며 살았으면 하는 바람을 가지고 있습니다. 삶 속에서 죽음을 늘 받아들이며 죽음을 곁에 두고 살았던 소월처럼 충만하고 철학적인 삶에 눈을 돌려보면 어떨까요?

재난영화 〈해운대〉에 끌리는 이유

딱딱한 경제 이야기 말고 이번에는 영화 이야기를 해보겠습니다. 저는 영화 전문가는 아니지만 영상이 주는 픽션의 세계로 들어가 웃고 슬퍼하고 공포를 느끼고 하는 등의 감정적 카타르시스를 즐깁니다. 여러분도 마찬가지겠지요.

얼마 전 흥행 돌풍을 일으키고 있는 〈해운대〉를 보았습니다. 2004년에 있었던 인도네시아 쓰나미 사태와 같은 대규모 해일이 부산에서 발생했다는 가상의 이야기를 영상으로 표현한 것인데요. 배우들의 연기도 연기지만 컴퓨터 그래픽으로 그려낸 해일과 폐허로 변한 부산 도심 같은 장면은 정말 볼 만했습니다. 그래픽의 수준을 놓고 좋다 나쁘다 논란도 많지만, 적어도 영화를 즐기기에 부족함은 없었습니다.

그런데 영화 〈해운대〉의 감독과 배우들은 개봉 초기에 마음고생이

심했다고 합니다. 영화에 출연했던 박중훈 씨는 열렬한 트위터 팬으로 알려져 있습니다. 박중훈 씨는 트위터를 통해 팬들에게 감사의 뜻을 전하며 "영화가 개봉되기 전에 편견과 악소문에 시달렸다", "재난영화를 표방했는데, 영화 자체가 재난이 될 것이라는 냉소적 시각이 영화계 안에서조차 팽배했다"고 말했습니다. 하지만 개봉 이후 연일 흥행몰이를 하고 있으니 전화위복이 된 셈이지요.

그렇다면 사람들은 왜 이런 재난영화에 마음이 끌리는 걸까요? 그것은 바로 재난이라는 배경 속의 다양한 인간군상의 모습에 동화돼 함께 울고 웃고 생각할 수 있게 하기 때문이 아닐까 싶습니다. 영화 〈해운대〉는 쓰나미라는 천재지변 속에서 펼쳐지는 휴머니즘을 담고 있습니다. 서로를 사랑하면서도 말을 하지 못했던 두 남녀가 재난의 상황 속에서 서로의 사랑을 확인하고, 각자의 인생을 위해 이혼했던 부부는 딸을 살리기 위해 생명을 아끼지 않으면서 가족의 소중함을 깨닫습니다.

우연히 마주친 사랑 앞에 구조대원은 고귀한 희생을 바치고, 사고뭉치 아들을 위해 구두를 사러 나갔던 어머니가 해일에 목숨을 잃자, 뒤늦게 어머니의 사랑을 확인한 아들은 그리움과 후회의 눈물을 흘립니다. 가슴 뭉클한 사연들이지요. 또 중간 중간 펼쳐지는 배우들의 코믹한 연기는 웃음을 터뜨리게 하는 약방의 감초였습니다.

이렇게 영화 〈해운대〉는 재난을 배경으로 한 '사람' 그리고 '사랑'의 이야기이기에 조금은 부족한 듯한 효과도 채 알아차리지 못하고 영화 속으로 몰입될 수 있었던 것입니다. 해운대 같은 재난영화는 외국영화에서도 많이 찾아볼 수 있습니다. 대형 회오리 바람인 토네이도를 다룬 〈트위스터〉, 기상 이변으로 인한 갑작스런 빙하기의 습격을 그린 〈투모로우〉. 이 영화들 모두 재난 속에 피어나는 사랑을 그리고 있다는 점에서 해운대와 비슷한 휴머니즘의 메시지를 주고 있습니다.

토네이도를 실감나게 그려낸 〈트위스터〉는 보잉 707의 엔진을 이용해 강력한 바람을 만들어내고, 낙타의 울음을 느리게 해서 토네이도의 소리를 만들었다고 합니다. 이 영화 역시 서로 헤어지기로 결심했던 연인이 트위스터 속에서 다시 서로의 사랑을 확인한다는 스토리가 축을 이룹니다. 또 뉴욕에 해일이 덮치고 갑작스럽게 빙하기가 닥치면서 온 세계가 얼어붙는 상황과 LA가 토네이도에 날라가는 장면처럼 화려한 특수 촬영 장면이 압권이었던 영화 〈투모로우〉 역시 실종된 아들을 구하기 위해 목숨을 건 아버지의 부성애가 실감나게 펼쳐집니다.

이렇게 삶을 폐허로 만든 절망적인 재난의 상황이 배경이 된 영화들, 그 속에는 감당하기 어려운 고난이 닥쳐온 가운데서도 사람들은 사랑의 힘으로 다시 일어선다는 공통된 메시지를 담고 있습니다. 지금 이 순간 재난 못지않은 어려운 상황 속에서 좌절하고 있는 사람들에게 영화는 말합니다. 희망은 바로 당신들 속에 있다고…….

헤르만 헤세는 '행복해 진다는 것' 에서 말합니다.

"보리죽을 떠먹든 맛있는 빵을 먹든
누더기를 걸치든 보석을 휘감든
사랑하는 능력이 살아 있는 한
세상은 순수한 영혼의 화음을 울렸고
언제나 좋은 세상
옳은 세상이었다네"

우리 곁을 지나고 있는 여름, 재난영화 속에서 사랑의 보석을 캐시기를 기원합니다.

손담비와 마돈나, 클린턴과 블레어

손담비의 '미쳤어' 라는 노래를 들어보셨나요? 처음 이 노래를 들었을 땐 정말 '이젠 별 노래가 다 나오는구나' 생각했었습니다. 그런데 2008년 말, 경제위기가 닥치면서 사람들이 정말 뭔가 터뜨리고 싶은 마음일 때 이 노래는 대박을 터뜨렸습니다. 이 노래에 이어 가수 손담비는 '토요일 밤에' 까지 부르는 노래마다 대박의 터뜨렸습니다.

손담비는 예능프로그램과 CF 출연에 이어 연기에도 도전했습니다. 이같이 인기몰이를 하고 있는 손담비의 성공요인은 무엇일까요? 천부적 신체조건과 철저한 사전 준비와 끈기, 오기가 그녀를 단숨에 스타로 올려놓았다고들 합니다. 말 그대로 스타는 단숨에 되었을지언정 손담비는 하루아침에 만들어진 것이 아니란 뜻이겠지요.

하지만 더 본질적으로 그녀의 성공요인을 들여다보면 바로 성공을 부르는 '전략'을 빼놓을 수 없습니다. 가창력과 신체적 조건 등 자신이 가진 재능의 장점을 빠른 템포의 음악과 합성함으로써 대중의 정서를 파고든 전략적 승리, 그리고 가수로서의 성공을 기반으로 드라마나 영화시장으로 시장 확장 전략을 펴고 있는 원소스 멀티유즈의 21세기형 마케팅 전략. 이같이 성공의 이면에는 운 같은 우연적 요인이나 주먹구구식 전술보다는 자신의 강점을 십분 활용하는 주도면밀한 전략이 자리 잡고 있는 것입니다.

1980년대 후반의 세계적 슈퍼스타 마돈나. 그녀의 성공은 무엇에 기인한 것일까요? 당시 마돈나에 대한 일부의 평가는 이랬습니다. "휘트니 휴스턴보다 노래도 잘 못 부르고 마이클 잭슨보다 춤 실력도 떨어진다. 작사 수준도 시네이드 오코너에 미치지 못한다." 하나하나 따로 떼어놓고 보면 마돈나는 정상급 수준과는 여전히 거리가 있었습니다. 하지만 그녀는 슈퍼스타가 되겠다는 강렬한 목적의식을 가지고 쇼킹한 표현방식을 넘나들며 자신을 상품화하는 데 성공합니다. 생산제품의 주기를 이해한 그녀는 한 상품이 시들하면 빠르게 새 상품으로 옮겨가는 상품 개발과 마케팅 전략을 구사한 것으로 평가받고 있습니다.

길거리의 아이들에서부터 글래머형 여성, 그리고 어머니까지 그녀의 이미지는 변화무쌍하게 달라집니다. 미디어도 전략적으로 활용했습니다. 음반 판매가 시들해지면 라이브 공연에 집중하다가 영화로 옮겨가는 식의 유목민 전략을 썼습니다. 이 같은 다 미디어, 다 시장 전략이 1980년대 후반과 90년대 초반 마돈나의 성공을 가져온 요인입니다.

주제를 미국과 영국의 정치무대로 바꿔봅니다. 옥스퍼드대 동문으로 변호사 출신의 빌 클린턴과 토니 블레어. 사회가 보수화된 불리한 분위기 속에서 클린턴은 1996년에, 그리고 블레어는 1997년에 정권 획득을 위한 선거에 뛰어듭니다. 진보 성향의 이 두 사람은 중도 성향을 지닌 유권자 공략이 승패의 관건이라는 점을 정확히 간파합니다. 과세 완화, 더 작은 정부, 친노조 정책의 포기 등을 과감히 선택해 노선의 우향우를 실천합니다. 이 전략이 주효해 클린턴은 미국 대통령으로, 블레어는 영국 수상으로 취임합니다. 전략의 승리지요.

사업을 하든 직장생활을 하든 투자를 하든 상황을 꿰뚫는 전략이 있어야 합니다. 그런데 '전략'이라 하면 거창할 것 같지만 오히려 단순 명료하지요. 마돈나는 시장의 기대를 깨는 충격요법을 썼고, 클린턴과 블레어는 고객인 유권자 성향에 자신을 맞추는 데 주저함이 없었습니다. 특히 이들은 과거의 성공에 안주하는 '사고의 모럴 해저드'에 빠지지 않았습니다. 끊임없는 발상의 전환을 통해 자신의 상품가치를 올리고 시장을 선도해간 것입니다.

암을 이기는 식탁 프로젝트

2007년에 우리나라에서는 24만여 명이 사망했습니다. 매달 2만 명가량이 사망하는 셈입니다. 그런데 이 중 30%에 가까운 6만 7천여 명이 암으로 세상을 떠났습니다. 사망 원인 2위부터 4위인 뇌혈관 질환, 심장 질환, 자살로 인한 사망자 수를 모두 합해도 암으로 인한 사망자수에 미치지 못합니다. 암은 그만큼 죽음에 이르는 무서운 병인 것입니다.

우리 몸에 암세포가 생기는 이유에는 여러 가지가 있겠지요. 과음이나 흡연 같은 잘못된 습관일 수도 있고, 지나친 스트레스가 원인이 될 수도 있을 것입니다. 정신적 원인은 그렇다 치고 식생활을 개선해 암의 발병 확률을 줄일 수 있다면, 여러분도 귀가 번쩍 뜨이실 겁니다.

사실 음식으로 암을 예방하거나 심지어 치료할 수 있다는 이야기는 여기저기서 많이 들으셨을 겁니다. 그런데 최근 대한암협회와 한국영양협회가 공동으로 3년간의 연구작업 끝에 『항암 식탁 프로젝트』라는 책을 펴냈습니다. 국립암센터와 서울대, 성균관대 등이 참여해 33개 음식과 암과의 관계를 규명하고 암 예방을 위한 식사 가이드까지 제시했습니다. 웰빙과 장수를 위해서는 한 번쯤 읽어볼 만한 것 같습니다.

이 책이 다룬 33개 음식 가운데 우리가 거의 매일 먹는 음식을 중심으로 책 내용을 소개해드리겠습니다. 먼저 주식인 쌀입니다. 언뜻 쌀이야 매끼 먹어야 하는데 몸에 좋으면 좋았지 나쁠 리는 없다고 생각하실 겁니다. 실제로 우리는 쌀을 통해 탄수화물을 섭취하는데 이 탄수화물이 포도당으로 바뀌어 우리 몸에 에너지원을 제공합니다. 문제는 식이섬유소 등 다른 영양소도 있는데 도정 과정에서 탄수화물만 남게 된다는 데 있습니다.

탄수화물은 여성의 폐경 이후 유방암이나 남녀 모두 대장암의 원인이 될 수 있다고 합니다. 그래서 이 책은 현미나 잡곡밥을 권합니다. 특히 현미는 식이 섬유소는 물론 비타민 E 등 영양소가 많아 항암 효과가 있다고 합니다.

영원한 한국인의 음식인 김치는 어떨까요? 김치는 재료 자체와 발효산물이 암을 예방하는 효과가 있습니다. 김칫국과 김치찌개도 마찬가지 이유로 몸에 좋습니다. 다만 소금 함량 2.2% 정도가 적당한데, 농도가 7~8%가 넘는 짠 김치는 오히려 암 발생 위험을 높이므로 너무 짠 김치는 주의하셔야 하겠습니다.

다음은 인스턴트 식품인 라면입니다. 라면에는 영양분이 많고 튀긴 식품이어서 지방도 많습니다. 가장 큰 문제는 스프 한 개당 소금 5그램에 해당하는 나트륨이 들어 있는 것입니다. 나트륨 과다 섭취는 위암과 비후두암의 위험을 높인다고 합니다. 라면을 즐기면서 드시되 가급적 국물은 적게 드시라는 게 이 책의 권고입니다. 사실 저도 라면국물을 요즘 젊은이들 표현으로 '짱' 좋아하는데 식생활을 바꿔야 할 것 같습니다.

이번에는 여러분들이 좋아하시는 삼겹살입니다. 국내산 공급이 부족해 아예 외국에서 수입해오고 있을 정도지요. 삼겹살은 동물성단백질과 비타민B, 칼륨 등이 풍부하지만 지방이 너무 많아 비만을 유발하는 고칼로리 식품입니다. 특히 삼겹살은 구워서 먹어야 하는데, 이 때문에 위암 발병 확률이 높아진다고 합니다, 삼겹살 섭취를 주당 1~2회로 제한하라는 게 '항암식탁 프로젝트' 의 처방입니다.

이밖에 술은 물론 피자, 달걀, 고농도의 설탕이 들어 있는 음료도 주의해야 합니다. 우유는 중년남성에게 암을 발생시킬 수 있는 음식들입니다. 반면 암 예방 위해 자주 드셔야 할 음식도 있습니다. 녹차, 과일, 야채, 콩밥, 된장, 두부 등 음식은 암을 억제하는 효과를 가지고 있습니다.

'인명은 재천' 이라고 합니다만, 수명이 길어지고 있는 요즘 무병장수는 이제 여러분의 선택에 달린 것 같습니다. 암을 일으키는 음식을 피하고 암을 예방하는 음식을 가까이하기 위해서는 지식과 지혜가 필요합니다.

'온라인 우물가' 트위터로 오세요

요즘 트위터가 한참 인기를 끌고 있습니다. 140자 이내의 짧은 글을 올려 인터넷 공간에서 다른 네티즌들과 소통하는 이른바 온라인 광장인데요. 전 세계적으로 새로운 인터넷 문화를 만들어가고 있습니다.

2009년 1월 5일, 미국의 US Airways 여객기가 허드슨 강에 비상착륙했을 때 이를 처음 발견하고 알린 사람은 누구였을까요? 항공 당국도 경찰도 아닌 재니스 크럼스라는 한 남성이었습니다. 그는 트위터를 통해 "지금 항공기가 허드슨강에 착륙했다. 내가 페리를 타고 있는데 승객을 구하러 가겠다"는 글을 올렸고 이게 순식간에 많은 인터넷 사용자들에게 퍼진 겁니다.

또 2008년 11월, 인도 뭄바이에서 대규모 테러사건이 발생해 3백 명 이상이 숨지고 수많은 사람들이 다쳤습니다. 이 사건은 CNN 전파를 타고 전 세계에 알려졌는데, 이 사건을 처음 알린 것도 트위터 이용자였습니다. 그는 "뭄바이는 혼란에 빠져 있다. 18명이 죽고 40명이 인질로 잡혀 있다"는 소식을 트위터에 올렸고, 이 소식이 다른 사용자들에게 긴급히 전송되는 과정에서 CNN에 제보가 들어가게 된 것입니다.

트위터가 정계에 파장을 일으킨 사례도 있습니다. 2009년 5월, 독일에서는 의회 의원 등이 간접선거로 뽑는 독일 대통령 선거결과가 공식발표 15분 전에 트위터를 통해 사전에 유출되면서 한바탕 소동이 벌어졌습니다. 조사결과 집권 기독교민주당 의원이 트위터에서 선거결과를 전파한 것으로 밝혀졌는데, 경위야 어쨌든 트위터의 위력을 보여준 사례가 됐습니다.

트위터가 얼마나 실시간 속보성이 강한지를 보여드리기 위해 몇 가지 사례를 말씀 드렸습니다. 트위터는 '재잘거리다'는 영어단어를 그대로 이름으로 사용한 것입니다. 말 그대로 짧은 글로 여러 사람과 소통하는 형식입니다.

자, 그러면 트위터를 어떻게 하는지 모르시는 분들이 많으실 텐데요. 방법은 간단합니다. www.twitter.com에 회원 가입하신 다음 이용하시면 됩니다. 초보자들이 참고할 수 있는 자료들이 웹에 올라 있고, 『140자로 소통하는 신인터넷 혁명, 트위터』라는 책자도 시중에 나와 있습니다.

저도 요즘 트위터를 즐기고 있는데요. 무엇보다 실시간 속보에서부터 유용한 생활정보까지 다양한 소식을 쉽고 간편하게 들을 수 있는 점이 좋습니다. 각자 알고 있는 정보나 지식을 실시간으로 공유하기 때문에 많은 도움이 됩니다. 또한 트위터에서는 지금 무엇을 하고 있는지, 날씨는 어떤지, 사회적 현안에 대한 생각은 어떤지 등의 일상적인 대화들도 이뤄집니다. 지금은 자취를 감췄지만 사람들의 재잘거림이 있는 옛 마을의 우물가 같은 공간입니다.

트위터는 유명인들이 일반인과 소통하는 공간으로도 인기를 끌고 있습니다. 우리나라에서는 피겨 스케이터 김연아, 소설가 이외수, 배우 박중훈, 두산인프라코어 박용만 회장과 김형오 국회의장, 정두언 의원, 정동영 의원, 노회찬 의원 등이 트위터를 사용하며, 미국에서는 오바마 대통령, 슈왈츠네거 캘리포니아 주지사, 방송인 오프라 윈프리 등이 트위터를 사용하고 있습니다.

트위터의 가장 큰 특징은 젊은 층의 전유물로 여겨졌던 인터넷 공간의 특성이 깨지고, 30, 40대가 주류를 이루고 일부 50대도 참여하고 있다는 점입니다. 중장년층을 온라인으로 불러 모아 새로운 형태의 사회적 소통공간을 만들어내고 있는 겁니다. 많은 사람들이 트위터 대열에 합류하면서 이제는 기업들도 브랜드를 알리고 고객들과 소통하는 마당으로 트위터를 활용하려는 움직임이 늘어나고 있습니다.

트위터, 아직 생소하신 분들도 많으시겠지만 시간이 흐를수록 새로운 온라인 소통의 장으로 자리를 잡아갈 것으로 보입니다. 군중 속의 고독을 느끼며 살아가는 현대인들, 뉴 미디어인 트위터를 통해 생각을 공유하고 정보를 주고받는 온라인 공동체를 만들어보는 것도 좋은 선택이 아닐까 합니다.

사회적 인프라 DMB 구하기

한국판 미디어 혁명을 가져온 이 DMB 방송의 현황과 미래에 대해 같이 생각해보고자 합니다. 현재 DMB 가입자는 2,000만 명을 돌파했습니다. 길거리에서나, 버스나 지하철 안에서, 그리고 승용차 안에서 DMB 방송 시청자를 보는 건 이제 우리에게 낯익은 풍경이 되었습니다.

우리나라 기술로 세계 최초로 상용화된 휴대 이동용 방송 DMB. 그 자체로는 방송과 통신의 결합과 혁신을 의미하지만, 국민생활에도 커다란 변화를 가져오고 있습니다. 8개의 지상파 DMB 방송은 시청자들이 이동 중에도 정치, 경제, 사회 등 사회 전반의 중요한 정보를 시차 없이 접할 수 있는, 말 그대로 세계 최초의 실시간 이동형 방송 서비스를 제공합니다. 남보다 빨리 알고 빨리 판단하고 한발, 아니 여러 발 앞서가야 하는 시대에 DMB는 이젠 생활필수품 성격의 소중한 정보박스가 되고 있는 것입니다.

특히 대형 재난이 우려되거나 발생할 경우 외부 활동 중인 국민들에게 사전 경고와 피해 예방방법 또는 재난발생 사실과 대처방법 등을 알리는 재난방송으로서의 역할을 다른 미디어보다 효과적이고 효율적으로 할 수 있습니다. 사회 안전판 기능까지 가지고 있는 셈이지요.

또한 DMB는 '참여, 개방, 공유'를 정신으로 하는 2.0시대를 열게 될 것입니다. 증권투자, 교통과 날씨 등 생활에 밀접한 문자정보를 탑재한 데이터 방송이 본격화되고, 시청자들이 방송에 함께 참여할 수 있는 양방향 방송시대도 막을 올리게 됩니다.

지금까지 말씀드린 DMB의 다양한 순기능을 감안하면 DMB는 방송을 넘어 사회 인프라 기능을 수행하고 있다고 말씀드릴 수 있습니다. 이동형 정보 파이프 라인으로서 국민생활의 질을 높이는 공공재 성격을 강하게 지니고 있는 것입니다.

하지만 이렇게 중요한 사회 인프라가 생존의 위기에 직면해 있는 사실은 매우 우려되는 상황입니다. 지난해까지 시설 투자와 콘텐츠 제작에 1,300억 원을 썼지만, 광고 수익은 회사별로 매달 1~2억 수준에 불과해 이대로는 정상적 운영이 어렵다는 절규의 소리가 각 사업자들로부터 터져나오고 있습니다. 광고매출 확대를 위한 제도와 여건이 아직 미비한 데다 많은 돈을 들인 콘텐츠를 무료로 제공하고 있는 게 경영난을 가져온 주 요인입니다.

경영난의 원인이 매출 부진에 있는 만큼 DMB를 회생시키기 위한 처방도 매출에서 찾아야 할 것 같습니다. DMB 사업자들은 단말기 판매시 가입자들로부터 한 차례 개통비를 받을 수 있도록 해줄 것을 방송정책 당국에 건의한 상태입니다. 아울러 DMB를 배려한 광고판매제도가 새롭게 도입되기를 희망하고 있습니다.

또한 현재 터널을 지나갈 때는 라디오 중계기가 설치돼 라디오 방송을 청취하는 데 아무런 어려움이 없습니다. 하지만 DMB는 아직 이 같은 지원을 받지 못하고 있어 터널 등 시설을 이용할 때는 방송이 끊기는 문제점이 있습니다. 그래서 공공건물이나 다중 시설물은 DMB 수신장비 설치를 의무화해야 한다는 주장이 설득력을 얻고 있습니다.

DMB는 우리가 세계 최초로 만들어낸 한국 특유의 소중한 사회적 인프라입니다. 이동하면서 실시간 방송을 보고, 필요한 데이터 정보를 얻는 혁명적 변화의 중심 엔진으로서 한국 사회의 경쟁력을 한층 끌어올릴 훌륭한 토양이 될 것입니다. 따라서 DMB를 안정적 경영기반 위에 올려놓는 게 시급합니다. 범 정부 차원에서 수익원을 확대하고 국민들이 DMB 방송을 안정적으로 볼 수 있는 장치 마련에 적극 나서야 할 것입니다. 한국 사회의 '비장의 무기' 라고 할 수 있는 DMB의 회생 대책, 이제 사회적 공론화와 빠른 실천이 시급한 시점입니다.